Eta Linnemann

GOTTES WORT

und die historisch-kritische Theologie

1993

---

aus: Wissenschaft oder Meinung?
Anfragen und Alternativen, Hänssler

Teilweiser Nachdruck von
Linnemann, Eta
Wissenschaft oder Meinung?
Anfragen und Alternativen
Neuhausen-Stuttgart; Hänssler 1986
(Tagesfragen Bd. 29)
ISBN 3-7751-1149-2

Druck: Sollermann, Leer, 1993
Zu beziehen durch: Missionswerk „Christus für Dich“
Meierstr. 3, 26789 Leer-Loga

Inhaltsverzeichnis

Einleitung

»Warum sagen Sie NEIN zur historisch-kritischen Theologie?« Diese Frage wurde mir gestellt, und ich möchte vorab auf sie antworten: *Mein NEIN zur historisch-kritischen Theologie entspringt dem JA zu meinem wunderbaren Herrn und Heiland Jesus Christus und zu der herrlichen Erlösung, die Er auf Golgatha auch für mich vollbracht hat.*

Als Schülerin von Rudolf Bultmann und von Ernst Fuchs, von Friedrich Gogarten und Gerhard Ebeling habe ich die besten Lehrer gehabt, welche die historisch-kritische Theologie mir bieten konnte. Auch sonst war ich keineswegs zu kurz gekommen: Mein erstes Buch erwies sich als ein Bestseller. Ich wurde ordentliche Professorin für Theologie und Methodik des Religionsunterrichtes an der Technischen Universität in Braunschweig. Aufgrund meiner Habilitation ernannte man mich zur Honorarprofessorin für Neues Testament an der theologischen Fakultät der Philipps-Universität in Marburg und nahm mich als Mitglied in die Society for New Testament Studies auf. Ich durfte mich der zunehmenden Anerkennung durch meine Kollegen erfreuen.

Geistig beheimatet in der historisch-kritischen Theologie, war ich fest davon überzeugt, mit meiner theologischen Arbeit Gott einen Dienst zu tun und einen Beitrag zu leisten zur Verkündigung des Evangeliums. Dann aber mußte ich – aufgrund von Einzelbeobachtungen und -informationen ebenso wie aus Selbsterkenntnis – einsehen, daß bei dieser »wissenschaftlichen Arbeit am Bibeltext« unter dem Strich keine Wahrheit herauskommen kann und daß diese Arbeit der Verkündigung des Evangeliums nicht dient.

Damals war das nur eine praktische Erkenntnis, aus Erfahrungen gewachsen, die ich nicht länger wegzuleugnen vermochte. Inzwischen hat mir Gott durch seine Gnade und sein Wort auch theoretische Einsicht gegeben in den *Charakter dieser Theologie: Anstatt im Worte Gottes gegründet zu sein, hat sie Philosophien zu ihrem Fundament gemacht,* welche sich entschieden haben, Wahrheit so zu definieren, daß Gottes

Wort als Quelle der Wahrheit ausgeschlossen und der Gott der Bibel, der Schöpfer Himmels und der Erde und Vater unseres Heilandes und Herrn Jesus Christus auf der Grundlage dieser Voraussetzung nicht denkbar ist.

Heute darf ich erkennen, daß sich in dem Monopolcharakter und der weltweiten Verbreitung der historisch-kritischen Theologie *Gottes Gericht* vollzieht (Röm 1,18 ff.). Gott hat es in seinem Wort vorhergesagt: »... es wird eine Zeit sein, da sie gesunde Lehre nicht ertragen können, sondern nach ihren eigenen Lüsten selbst Lehrer aufhäufen, weil es ihnen in den Ohren kitzelt« (2 Tim 4,3). Er hat auch verheißen, daß er »eine wirksame Kraft des Irrwahns« sendet, »daß sie der Lüge glauben« (2 Thes 2,11).

Gott ist nicht tot; er hat auch nicht abgedankt, sondern er regiert, und er vollzieht bereits das Gericht an denen, die ihn für tot erklären oder als einen Götzen deklarieren, der weder Gutes noch Böses tut.

Heute weiß ich, daß ich jene anfänglichen Einsichten der vorlaufenden Gnade Gottes verdanke. Zunächst aber führten sie mich in eine tiefe Frustration, auf die ich mit Abgleiten in Süchte reagiert habe. Ich versuchte, mich zu betäuben; ich wurde ein Sklave des Fernsehens und geriet in zunehmende Abhängigkeit vom Alkohol.

Als ich vor dem Hintergrund eigener bitterer Erfahrung die Wahrheit des Bibelwortes erkennen konnte: »Wer sein Leben gewinnen will, der wird es verlieren« (Mt 10,39), führte Gott mich zu lebendigen Christen, die Jesus persönlich als ihren Herrn und Heiland kennen. Ich durfte ihre Zeugnisse hören, in denen sie berichteten, was Gott in ihrem Leben getan hat. Schließlich sprach Gott selber durch das Wort eines Bruders zu meinem Herzen, und durch seine große Gnade und Liebe habe ich mein Leben Jesus übergeben.

Er hat es sogleich in seine Heilandshände genommen und damit angefangen, es radikal zu verändern. Ich wurde frei von der Sucht, war hungrig und durstig nach seinem Wort und nach Gemeinschaft mit Christen, und ich durfte Sünde klar als Sünde erkennen, für die ich bisher nur Entschuldigungen gehabt hatte. Ich kann mich noch an die herrliche Freude erinnern, als zum ersten Male Schwarz wieder Schwarz und Weiß wieder

Weiß für mich wurde und aufhörte, zu einem unterschiedslosen Grau ineinanderzufließen.

Etwa einen Monat nachdem ich mein Leben Jesus übergeben hatte, wurde ich von Gott überführt, daß seine Verheißungen Realität sind. Ich hörte den Bericht eines Wycliff-Missionars, der in Nepal diente. Er teilte mit, daß sein Sprachhelfer während seiner Abwesenheit ins Gefängnis gekommen war, weil es in Nepal verboten ist, Christ zu werden, und was dieser junge Christ bei der Gerichtsverhandlung gesagt hatte. Aufgrund von früheren Berichten, in denen ich von diesem Sprachhelfer gehört hatte, war mir augenblicklich klar, daß er diese Antwort niemals aus seinem eigenen Vermögen hätte geben können. Markus 13,9-11 drängte sich in mein Bewußtsein – ein Wort, das ich bisher nur mit akademischem Interesse zur Kenntnis genommen hatte –, und ich konnte nicht umhin, zuzugeben, daß diese Verheißung hier erfüllt war.

Schlagartig wurde ich davon überführt, daß Gottes Verheißungen Realität sind, daß Gott ein lebendiger Gott ist und daß er regiert. »Denn so er spricht, so geschieht's; so er gebeut, so steht's da« (Ps 33,9). Alles, was ich in den Monaten vorher an Zeugnissen gehört hatte, fügte sich in diesem Augenblick wie Puzzle-Stücke ineinander, und mir wurde meine Torheit bewußt, angesichts dessen, was Gott heute tut, zu behaupten, die Wunder, welche im Neuen Testament berichtet werden, seien »nicht passiert«. *Schlagartig wurde mir klar, daß ich für meine Studenten ein blinder Blindenleiter gewesen war,* und ich tat Buße darüber.

Etwa einen Monat danach stand ich – ohne Zutun von Menschen, allein in meinem Kämmerlein – vor der Entscheidung, entweder die Bibel weiter durch meinen Verstand zu kontrollieren oder mein Denken durch den Heiligen Geist verwandeln zu lassen.

An Johannes 3,16 wurde mir diese Entscheidung klar, denn ich hatte inzwischen die Wahrheit dieses Wortes erfahren. Es machte jetzt mein Leben aus, was Gott für mich und für die ganze Welt getan hat – seinen lieben Sohn dahinzugeben. Das konnte ich nicht mehr als ein unverbindliches Theologumenon eines – mehr oder weniger – von der Gnosis beeinflußten theologischen Schriftstellers beiseite schieben. Auf Gottes verbindlicher Zusage kann der Glaube ruhen. Theologische Sätze sind nur von akademischem Interesse.

Durch Gottes Gnade durfte ich dann Jesus als den erfahren, dessen Name über alle Namen ist. Ich durfte erkennen, daß Jesus Gottes Sohn *ist*, von der Jungfrau geboren, daß er der Messias und Menschensohn *ist* und ihm solche Titel nicht durch menschliche Überlegungen beigelegt wurden. Ich durfte die Inspiration der Heiligen Schrift zunächst erkennen und dann auch lebendig erfahren.

Ich habe – nicht durch Reden von Menschen, sondern durch Zeugnis des Heiligen Geistes im Herzen – klare Erkenntnis, daß mein verkehrtes Lehren Sünde war, und bin froh und dankbar, daß mir diese Sünde vergeben wurde, weil JESUS sie ans Kreuz getragen hat. Deshalb sage ich NEIN zur historisch-kritischen Theologie.

Nach wie vor erachte ich alles, was ich gelehrt und geschrieben habe, bevor ich Jesus mein Leben übergab, für einen Dreck. *Ich möchte die Gelegenheit benutzen, um darauf hinzuweisen, daß ich meine beiden Bücher »Gleichnisse Jesu ...« und »Studien zur Passionsgeschichte« samt meinen Beiträgen in Zeitschriften, Sammelbänden und Festschriften verworfen habe.* Was sich davon in meiner Wohnung befand, habe ich 1978 eigenhändig in den Müll getan und bitte Sie herzlich, mit dem, was davon etwa noch auf Ihrem Bücherbord sich findet, das gleiche zu tun.

Dr. Eta Linnemann,
Prof. i.R.
5. Juli 1985

Anmerkungen zum Studium der historisch kritischen Theologie

Vorbemerkung: An der Formulierung des Themas wurde Anstoß genommen. *Man hat gesagt, es müsse heißen:* Anmerkungen zum *Studium* der historisch-kritischen Methode.

Dazu ließe sich manches sagen; ich möchte mich jedoch auf zwei Bemerkungen beschränken:

1. *Die Formulierung »historisch-kritische Theologie« hält sich durchaus im Rahmen des allgemeinen Sprachgebrauchs.* Wenn jemand zum Beispiel erzählt, daß er zu einer Kneippkur fährt, dann weiß man, was er dort verordnet bekommt: Wassertreten, Kniegüsse und ähnliches mehr. Exakt müßte es freilich heißen: Er fährt zu einer Kur, in der er nach den weiland von Pfarrer Kneipp gefundenen Methoden behandelt wird. Jeder weiß, daß eine Kneippkur nach diesen Methoden erfolgt und sich gerade darin von anderen Kuren unterscheidet.

Ebenso ist es in der Theologie. Die Theologie, wie sie heute rings um den Erdball – sowohl in Ost-West- als auch in Nord-Süd-Richtung an den meisten Universitäten gelehrt wird, und die ganz gewiß in Deutschland an den staatlichen Universitäten das Monopol hat und den Alleinvertretungsanspruch erhebt, basiert auf der historisch-kritischen Methode. Diese ist nicht nur Grundlage in den exegetischen Disziplinen. Sie entscheidet auch darüber, was der Systematiker sagen kann und was man ihm abnimmt, und wie man in Katechetik, Homiletik und Ethik vorzugehen pflegt. Vielleicht ist das denen, die darin leben, gar nicht so bewußt. *Das Historisch-kritische hat wirklich – wie ein Sauerteig den Teig – die gesamte Universitätstheologie durchdrungen.* Wenn man aber ständig mit Sauerteig arbeiten muß, nimmt man den Geruch wahrscheinlich gar nicht mehr wahr, obwohl er, mit Verlaub gesagt, stinkt.

2. *Meine früheren Kollegen,* mit denen ich bei den Meetings der Society for New Testament Studies Gemeinschaft hatte, *würden sich streng dagegen verwahren,* wenn man sie *als historisch-kritische Methodiker einstufen würde anstatt als Theolo-*

gen. Denn sie selber verstehen sich als Theologen und wollen als solche ernst genommen werden. Dann ist es aber doch wohl nicht verkehrt, ihre Arbeit als historisch-kritische Theologie anzusprechen, und nicht bloß von historisch-kritischer Methode zu reden.

Es ließe sich gewiß noch mehr dazu sagen. Aber lassen wir es dabei bewenden und kommen zur Sache.

A. Der Grundansatz der Theologie als Wissenschaft

1. Es wird geforscht, ut si Deus non daretur, d. h. die Realität Gottes wird von vornherein theoretisch ausgeklammert, auch wenn die Forscher einräumen, daß er sich in seinem Wort bezeugen könne.

2. Der Maßstab, an dem alles gemessen wird, ist nicht Gottes Wort, sondern das Prinzip der Wissenschaftlichkeit. Aus der Schrift entnommene Angaben über Ort und Zeit, Handlungsabläufe und Personen werden nur soweit akzeptiert, wie sie sich mit den anerkannten Unterstellungen und Theorien in Einklang bringen lassen. Alles übrige wird als »unwissenschaftlich« abgewiesen. Die Wissenschaftlichkeit ist zum Götzen geworden.

3. Voraussetzung der wissenschaftlichen Theologie ist die *Einordnung der Bibel und des christlichen Glaubens in die Vergleichsebene mit anderen Religionen und ihren heiligen Schriften.* Auch da, wo man das Besondere des Christentums betont, ist die allgemeine religionswissenschaftliche Einordnung die Grundvoraussetzung. Diese Vergleichsebene ist aber keine Tatsache, keine Gegebenheit, sondern sie ist eine Abstraktion, ein Kunstgebilde, das man gewonnen hat aufgrund der Abwendung vom lebendigen Gott. (Wer Theologie studiert, wird zwangsläufig mit seinem Denken auf den Boden dieser lügenhaften Unterstellung versetzt.)

4. Der Begriff »Heilige Schrift« wird religionsgeschichtlich relativiert: Da auch andere Religionen ihre heiligen Schriften hätten, könne man nicht von vornherein davon ausgehen, daß die Bibel Heilige Schrift sei. Deshalb wird mit ihr umgegangen wie mit jedem anderen Buch. Man macht keinen Unterschied in der Untersuchung der Bibel und der Untersuchung der Odyssee, wenngleich man in solcher Untersuchung Unterschiede zwischen beiden feststellt.

Gerade im Feststellen solcher Unterschiede meint man der Verkündigung des Evangeliums einen Dienst zu tun. Man übersieht dabei, daß man in solchem Vergleichen das Wort Gottes zu religiösen Vorstellungen und theologischen Begriffen reduziert und dadurch aus dem lebendigen Wort einen toten Buchstaben macht. Erst auf der Kanzel wird das offenbar, wenn der Prediger sich vergeblich darum bemüht, diesen toten Buchstaben zum Reden zu bringen, und schließlich versucht, ihm mit Hilfe von Psychologie, Soziologie, Sozialismus und anderen -ismen Leben einzuhauchen.

5. *Man geht mit der Bibel nicht so um, daß man sie als Gottes Wort respektiert.*

a) *Es wird unterstellt, daß Bibelwort und Gotteswort nicht identisch sind.* Das, was zwischen den beiden Buchdeckeln des Bibelbuches an Gedrucktem stehe, sei an und für sich noch nicht Gottes Wort. Gottes Wort sei es lediglich dann, wenn es sich je und dann beim Lesen oder im Hören der Predigt als solches erweise.

b) *Man spielt das Neue Testament gegen das Alte aus,* bis hin zu der Unterstellung, daß der Gott des Neuen Testamentes nicht derselbe sei, denn Jesus habe einen neuen Gottesbegriff gebracht. Paulus wird gegen Jakobus ausgespielt. Es wird auch behauptet, der Paulus der Apostelgeschichte sei nicht vereinbar mit dem Paulus, der die Briefe an die Römer, Korinther, Galater usw. geschrieben habe. Der Apostelgeschichte wird vielfach nur literarischer Wert zuerkannt. Als Berichterstatter wird Lukas ebensowenig ernstgenommen wie als Theologe; ja, seine »Theologie«, die man anstelle einer treuen Wiedergabe des Geschehenen in jedem Satz vermutet, wird geradezu als negatives Paradebeispiel herausgestellt. Mit grotesken literarkritischen Methoden, die sich sofort ad absurdum führen ließen, wenn man sich nur einmal daranmachte, sie auf das biographisch überschaubare Werk eines Dichters oder eines Theologen – sagen wir Johann Wolfgang von Goethe oder Karl Barth – anzuwenden, wurden für die Pastoralbriefe und für den Epheser- und Kolosserbrief Behauptungen der Unechtheit aufgestellt und werden unbesehen von einer Theologengeneration an die nächste überliefert. *Unterschiede zwischen einzelnen Büchern der Heiligen Schrift werden aufgebauscht und als Unvereinbarkeiten hochgespielt.*

c) *Da man nicht an die Inspiration der Schrift glaubt, kann man nicht annehmen, daß die einzelnen Bücher der Schrift sich ergänzen.* Man findet durch dieses Vorgehen in der Bibel nur noch ein paar Hände voll unverbundener schriftstellerischer Erzeugnisse. Man räumt zwar ein, daß sich in ihnen der Glaube ihrer Verfasser bezeugt, aber man will nicht sehen, daß sich in ihnen der bezeugt, an den diese Verfasser glauben. Anders gesagt, man läßt sie nicht als Offenbarung gelten. Sie werden nur als schriftstellerische und theologische Erzeugnisse betrachtet. Als solche – zwei- bis dreitausend Jahre alt, von antiken Verfassern für antike Leser geschrieben, in Verhältnissen, die nach historisch-kritischer Untersuchung angeblich völlig anders als die unsern sind, bescheinigt man ihnen, alles andere als aktuell zu sein.

d) Um dem Anspruch der Verbindlichkeit gerecht zu werden, den der Kanon für die Kirche hat, und natürlich auch zur eigenen Orientierung, sucht man nach dem »Kanon im Kanon«. Für einige bleibt nicht viel mehr übrig als Römer 7, der barmherzige Samariter, Lukas 10, und das »Gleichnis vom Weltgericht«, Matthäus 25. Bei anderen fällt dieser »Kanon im Kanon« breiter aus. An diesem Maßstab wird dann die ganze Bibel gemessen, und es wird – ausgesprochen oder unausgesprochen – *»Sachkritik«* getrieben. Mit dem Römerbrief wird der Jakobusbrief abgewertet; vom paulinischen Glaubensverständnis wird 1. Korinther 15,5-8 kritisiert: Paulus sei hier nicht auf der Höhe seiner Theologie, da er von der Auferstehung Jesu wie von einer historischen Tatsache rede.

e) *Da man in den biblischen Büchern nur Erzeugnisse theologischer Schriftsteller sieht, wird das einzelne Bibelwort zu ei-*

nem unverbindlichen »Theologomenon«. Johannes 3,16 zum Beispiel ist demnach nur eine theologische Aussage eines urchristlichen Theologen, der gegen Ende des 1. Jahrhunderts sein Evangelium geschrieben hat, und der entweder Gnostiker (d.h. ein Häretiker) war, oder die Gnosis mit Hilfe ihres Vokabulars bekämpfte oder nur mehr oder weniger von der Gnosis – einer antichristlichen, teilweise auch pseudo-christlichen Heilslehre – beeinflußt wurde. Anders gesagt: Für die historisch-kritische Theologie ist Johannes 3,16 keine verbindliche Heilszusage Gottes, sondern nur eine unverbindliche Menschenmeinung.

In gleicher Weise verfährt man mit sämtlichen Gottesverheißungen in der Bibel, obwohl sie doch nach Gottes Wort »Ja« und »Amen« in Jesus Christus sind (2 Kor 1,20).

6. Die Heilige Schrift wird als »Text« verstanden, welcher der Auslegung bedarf.

Der unmittelbare Zugang zur Schrift wird zwar nicht bestritten, aber er wird in Frage gestellt als subjektive, nur für den Auslegenden selbst verbindliche »existentielle Interpretation« und ohne einen vorherigen Durchgang durch die historisch-kritische Interpretation allein im Privatgebrauch für zulässig erklärt.

Verantwortliche Auslegung für andere, z. B. in Predigt und Unterricht habe »methodisch«, nach Regeln, zu erfolgen, damit sie kontrollierbar sei. Der Heilige Geist, der weht, wo er will, wird beiseitegestellt, »weil kein Mensch jederzeit garantieren könne, daß er ihn hat« (so Rudolf Bultmann). An seine Stelle wird die Auslegungsmethode gesetzt, welche die Objektivität der Auslegung und ihre Angemessenheit an den Bibeltext garantieren soll.

Doch, der im Himmel sitzt, spottet ihrer. Abgesehen von einigen Grundannahmen und der Übereinstimmung in den Methoden kann man sicher sein, daß da, wo sich zwei Theologen über Ergebnisse ihrer Arbeit austauschen, in der Regel zwei verschiedene Meinungen zutage treten. Wo dagegen Bibellehrer, die Gottes Wort wörtlich nehmen, im Vertrauen auf den Heiligen Geist mitteilen, was sie empfangen haben, wird man immer wieder die Einheit im Geist und die Übereinstimmung in der Lehre feststellen können – quer durch Konfessionen, Kontinente und Zeitalter.

7. *Der nicht erklärte, aber praktizierte Grundsatz alttestamentlicher und neutestamentlicher Wissenschaft ist: So, wie es dasteht, kann es auf keinen Fall gewesen sein.* Der Exeget ist darauf eingestellt, »Schwierigkeiten« im »Bibeltext« zu *entdecken* und zu lösen. Je besser der Ausleger ist, um so größer wird seine Findigkeit darin sein. Denn wenn er als Professor etwas taugen will, muß er sich »einen Namen machen«. Dazu ist er verpflichtet, wenn er nicht ein Dieb sein will, der sein Professorengehalt umsonst bezieht. Er ist in der Zwangslage: Er muß nach Menschenehre trachten, auch wenn er charakterlich alles andere als ehrsüchtig ist. Dem Charakter nach sind die meisten meiner früheren Kollegen weithin eher demütig und bescheiden, wie ich ihnen gerne bescheinige. Aber *durch das System der Universitätstheologie stehen sie unter dem Zwang, sich einen Namen zu machen und nach Menschenehre trachten zu müssen.*

Unser Herr Jesus aber sagt: »Wie könnt ihr glauben, die ihr Ehre voneinander nehmt und die Ehre, die von dem alleinigen Gott ist, nicht sucht?« (Joh 5,44)

Ein Theologiestudent, der dem Bedürfnis nach Anerkennung durch Menschen noch nicht gestorben ist, steht unter dem gleichen Druck. Kein Wunder, daß viele gläubige Theologiestudenten bald ernsthafte Glaubensschwierigkeiten haben. Oft ist es auch so, daß sie vom Glauben abdriften, ohne es selber wahrzunehmen. Es bleibt so einiges hängen von dem, was sie gelernt haben – wie sollte es anders sein? Dazu studieren sie ja doch. Es werden Abstriche gemacht an Gottes Wort. Es wird ihm nicht mehr alles abgenommen, was er sagt, und deshalb wird auch seine Kraft nicht mehr so erfahren. »Die Pastoralbriefe sind nicht von Paulus«, hat man gelernt; »der Verfasser des Johannesevangeliums ist natürlich nicht der Zebedaide Johannes«, »die 5 Bücher Mose sind nicht von ihm, sondern aus verschiedenen Quellen zusammengeschrieben«. Wer das im 6. Semester noch nicht gelernt hat, gilt als »bescheuert«, und so wird der Weinberg von den kleinen Füchsen verwüstet. Das sieht alles so harmlos aus: Das sind doch alles nur Kleinigkeiten, nicht entscheidend für den Glauben, was hängt schon daran. Aber die Autorität des Wortes Gottes wird dadurch in Frage gestellt. Es verliert an Verbindlichkeit, und das macht sich bald dort bemerkbar, wo es uns unbequem wird. Lassen wir uns nicht beirren. Selbst ein Mauseloch kann einen Deich gefährden. Wenn eine Sturmflut kommt, wird das offenbar.

8. Der kritische Verstand entscheidet in der historisch-kritischen Theologie darüber, was in der Bibel Realität ist und was es nicht sein kann, und zwar aufgrund der alltäglichen, jedermann zugänglichen Erfahrung. Nur das wird als Tatsache genommen, was allgemein für möglich gehalten wird. *Geistliches wird fleischlich beurteilt.* Erfahrungen von Gotteskindern werden völlig ignoriert.

Es kommt aufgrund der Voraussetzungen, von denen man ausgeht, gar nicht in den Blick, daß der Herr, unser Gott, der Allmächtige, regiert. Man ist offensichtlich nicht einmal in der Lage, Wunder, die heute geschehen, zur Kenntnis zu nehmen, selbst wenn sie glaubhaft bezeugt und medizinisch nachgewiesen sind. Zumeist bekommt man sie gar nicht erst in den Blick, weil die Bücher, die solches zur Ehre des Herrn berichten, nur in Verlagen erscheinen können, deren Veröffentlichungen für den historisch-kritischen Theologen von vornherein und unbesehen »unter dem Strich« sind und als »Erbauungsliteratur« abgewertet werden.

9. Nach ihrem eigenen Selbstverständnis will die historisch-kritische Theologie Hilfe zur Verkündigung des Evangeliums leisten durch eine Bibelauslegung, die wissenschaftlich zuverlässig und objektiv ist. Es besteht jedoch ein ungeheuerlicher Widerspruch zwischen diesem Selbstverständnis und der Realität.

Daß die Verkündigung des Evangeliums durch einen solchen Umgang mit Gottes Wort nicht gefördert, sondern behindert – wenn nicht gar verhindert – wird, das sollte nach dem Vorangegangenen offenbar sein. Aber auch die Objektivität und wissenschaftliche Zuverlässigkeit der Schriftauslegung, die man unterstellt, ist keineswegs gegeben. Es stimmt nicht, daß anstelle subjektiver Eindrücke eine gegründete Wahrheitsfindung durch Abwägen von Argumenten getreten sei.

a) *Der Widerspruch von Theorie und Praxis, von Ideal und Wirklichkeit zeigt sich bereits im Umgang mit der einschlägigen Literatur.* Der Theorie nach müßten alle einschlägigen, historisch-kritischen Veröffentlichungen zum Thema berücksichtigt werden. In der Praxis erweist sich das angesichts der ständig wachsenden Literaturflut als unmöglich.

– *Auf der Zeitlinie* ist man deshalb zu einer mehr oder weniger *willkürlichen Beschneidung* genötigt. Der Schnitt wird entweder in das Jahr 1900 oder in das Jahr 1945 gelegt. Aus der Zeit von 1900 bis 1945 werden nur ausgewählte Klassiker der historisch-kritischen Theologie benutzt, aus der Zeit vor 1900 nur einige wenige Werke.

– Obwohl heute in allen Ländern und Erdteilen historisch-kritische Theologie betrieben wird, bleiben *die Veröffentlichungen dieser Theologen oft allein aus dem Grunde unberücksichtigt, weil sie in einer Sprache abgefaßt sind, die ihre Kollegen nicht beherrschen.* Bereits das Französische stellt für viele angelsächsische und deutsche Forscher eine Sprachbarriere dar, die zu übersteigen eine Mühe macht, die man nur bei wichtigen Klassikern auf sich nimmt. Wer aber macht sich schon daran, die Sprachen zu lernen, um die Bücher neugriechischer, spanischer oder japanischer Kollegen zu studieren, um nur einige Beispiele zu nennen. Solche sprachlich nicht zugängliche Literatur bleibt für die Wahrheitsfindung von vornherein unberücksichtigt.

– Vielfach gibt es obendrein noch *Schwierigkeiten bei der Beschaffung der bekannten und sprachlich zugänglichen Literatur. Wartezeiten bei der Fernleihe können ein Vierteljahr und länger sein. Ausdrücklich oder stillschweigend beschränkt man sich deshalb »auf die mir zugängliche Literatur«.*

– *Ein in jüngerer Zeit zunehmend angewandtes Hilfsmittel, um die Literaturflut einzudämmen, das besonders von Linguisten gerne gebraucht wird, ist die grundsätzliche Ausklammerung der einschlägigen Literatur, welche nicht die gleichen Spezialmethoden verwendet.*

– Mehr und mehr setzt sich die *fragwürdige Technik* durch,

sich Literatur, deren intensive Bearbeitung eindeutig vom Thema her erforderlich wäre, dadurch vom Halse zu schaffen, *daß man ein solches Buch in einer einzigen Anmerkung nennt und nach einer verzerrten Kurzdarstellung von wenigen Zeilen so abfällig beurteilt, daß man damit eine weitere Bearbeitung ausschließt.* Auf diese Weise erspart man sich eine Mühe, welche die eigene Veröffentlichung um Jahre verzögern würde. Angesichts der bestehenden Verhältnisse kann man das als Notwehr gelten lassen. *Allerdings wird bei diesem Verfahren übersehen, daß dadurch Bücher, welche von namhaften theologischen Fakultäten als Dissertationen oder Habilitationsschriften angenommen* und somit gutgeheißen *wurden, als indiskutabel hingestellt werden* – ein Sachverhalt, der bisher anscheinend niemandem aufgegangen ist.

Als Ergebnis ist festzustellen, daß bereits die Praktiken der Literaturbenutzung die behauptete Objektivität der historisch-kritischen Theologie in Frage stellen.

b) *Daß Wahrheitsfindung aufgrund von kritischen Argumenten stattfindet, ist eine Selbsttäuschung:*

– *Für entgegenstehende Hypothesen lassen sich in der Regel gleichgewichtige Argumente finden, wenn auch nicht beim selben Forscher.* Entsprechend der Blickrichtung auf Figur oder Grund springt jedem das ins Auge, was seine eigene Unterstellung bestätigt. *Werden gegnerische Argumente* im eigenen Bezugsrahmen *geprüft,* erweisen sie sich zwangsläufig als schief. Eine solche Überprüfung führt deshalb *in der Regel* zur *Erhärtung* und Stabilisierung *der eigenen These.*

Die grundsätzliche Bereitschaft in der historisch-kritischen Bibelauslegung, die eigenen Thesen für überholbar zu halten und zur Diskussion zu stellen, bedeutet deshalb keineswegs, daß auf diesem Wege Wahrheit ermittelt würde.

Wo im Einzelfall eine Ansicht geändert wird – was besonders bei Forschern von Rang nicht allzu häufig vorkommt – werden sofort genauso gute Argumente für die neue Ansicht gefunden, denn die Vernunft ist nun einmal eine Hure.

– *In der Praxis des Umgangs der Forscher miteinander,* abgesehen von den Veröffentlichungen, *herrscht das Beharren auf einmal gewonnenen Positionen vor.* Auf die Zusendung von Sonderdrucken wird gerne geantwortet: »Ihre Ausführungen finde ich sehr interessant, aber ich kann mich ihnen nicht anschließen.« Gründe werden dafür nicht genannt. Das ist kein Charakterfehler, sondern in der Sachlage begründet: Der Professor muß in der Lehre ein verhältnismäßig breites Gebiet repräsentieren und soll in der Lage sein, aus dem Gesamtbereich alttestamentlicher oder neutestamentlicher Forschung Informationen aufzunehmen. Aber nur auf dem kleinen Spezialgebiet, das er zur Zeit bearbeitet, kann er solchen Fragen wirklich nachgehen. Aber selbst dort ist er durch frühere Forschungen bereits stark festgelegt, so daß die Aufnahme neuer Gedanken ein unverhältnismäßig großes Maß an Neubearbeitung erfordern würde, das sich oft im Rahmen der übrigen Pflichten: Lehre, Verwaltungsarbeit, Betreuen von Examensarbeiten und Dissertationen, Arbeit an der Fertigstellung eigener Publikationen oder als Herausgeber von Zeitschriften u. a. gar nicht aufbringen läßt.

Die Aufnahme von neueren Forschungsergebnissen durch Forscher, welche sich bereits in einem breiten Bereich eine Meinung gebildet haben, wird dadurch *zwangsläufig willkürlich.* Der »Name« des Verfassers einer Veröffentlichung und die »Schule«, welcher derselbe angehört, entscheiden vielfach darüber, wie dieselben aufgenommen werden.

Unter diesen Voraussetzungen kann die behauptete Objektivität historisch-kritischer Bibelauslegung von vornherein unmöglich zustande kommen.

10. Unter der nachwachsenden Forschergeneration breitet sich *vielfach Resignation in bezug auf Wahrheit* aus. Sie wird ausgemünzt in Theorien der Subjektivität. Eigentlich müßte sie das Ende wissenschaftlicher Arbeit in der Theologie markieren, wird aber in dieser Weise nicht ernstgenommen. Man muß sich fragen, ob hier Wissenschaft als Selbstverwirklichung getrieben wird. Man darf aber auch nicht übersehen, daß das Verhältnis von Angebot und Nachfrage, das besteht, solange die Kirchen den Zugang zum Pfarramt in der Regel nur über das Studium an diesen theologischen Fakultäten freigeben, diesen Fakultäten so, wie sie sind, ein gutes Gewissen bei ihrer Arbeit gibt.

11. In zunehmendem Maße ist bei der jüngeren Theologengeneration eine sozialistische Unterwanderung festzustellen. An die Stelle des Heilsplanes Gottes und die ewige Erlösung in Jesus Christus sind menschliche Ziele der Weltverbesserung getreten. Sie werden verbrämt mit willkürlich ausgewählten Worten des sogenannten »historischen Jesus«, der je nach Spielart als Sozialreformer oder als Revolutionär gedeutet wird. Vorzugs»texte« sind: die Gleichnisse vom barmherzigen Samariter (Lk 10,25-37) und vom Weltgericht (Mt 25,31-46), ferner Jesu Wort über den Sabbath (Mk 2,27-28), wobei das Wort »Menschensohn« in Vers 28 als einfaches »Mensch« interpretiert wird, was sprachlich möglich ist. Jesu Tischgemeinschaft mit Zöllnern und Sündern (Mk 2,15-17 u. ö.) wird als Beweis genommen, daß er ungerechte soziale Strukturen verändert hat und wir es ihm darin gleichtun sollen.

Kennzeichnend ist die Theorie vom »Überbau«, mit der das Alte Testament weitgehend beiseite geschoben wird als etwas, das uns nichts angeht. Es wird verstanden – ganz oder in Teilen – als eine geistige Konstruktion, die Ausfluß damaliger patriarchalischer Gesellschaftsstrukturen und bäuerlicher Produktionsverhältnisse ist und die Funktion hatte, dieselben zu rechtfertigen und zu stabilisieren. Aufgrund dieser Theorie sind selbst die Zehn Gebote für uns nicht mehr verbindlich. Jesus habe sie im Liebesgebot aufgehoben. Was aber unter Liebe zu verstehen ist, wird nicht an Gottes Wort abgelesen, sondern fleischlich beurteilt.

Die Propheten werden als Sozialreformer eingestuft, wofür Amos als Alibi herhalten muß.

B. Die Praxis der historisch-kritischen Theologie

1. Wie jede Wissenschaft ist auch die Theologie angewiesen auf Hypothesen. Eine Hypothese ist eine Unterstellung, daß etwas sich so verhält.

In den Naturwissenschaften werden aufgrund von Erfahrungen Gesetzmäßigkeiten unterstellt und durch Experimente nachgeprüft. In den Geisteswissenschaften dagegen haben Hypothesen keineswegs die gleichen Funktionen und können auch nicht auf dieselbe Weise geprüft werden.

Die alttestamentliche und die neutestamentliche Wissenschaft haben sich u. a. die Fragestellungen der Geschichtswissenschaft und der Literarkritik zu eigen gemacht.

a) In der *Geschichtswissenschaft* benutzt man vorliegende Sachfunde und sprachliche Zeugnisse als *Quellen für Informationen über eine vergangene Epoche,* in welche man diese Funde und Zeugnisse datiert. Bei solcher *Datierung* setzt bereits das Unterstellen ein; sie ist *ein wichtiger Komplex der Hypothesenbildung.*

Zwei Beispiele sollen das verdeutlichen:

– Wenn man unterstellt, daß das Gleichnis von den zehn Jungfrauen (Mt 25,1-13) nicht von Jesus selbst gesprochen ist, sondern erst in der Urgemeinde entstand, dann ordnet man es in einen anderen Zusammenhang ein. Man entnimmt ihm dann keine Informationen über Jesus, sondern über die Urgemeinde. Man zieht zu seinem Verständnis auch nicht das heran, was man über Jesus weiß, sondern dasjenige, was einem über die Urgemeinde bekannt ist.

– Unterstellt man aufgrund der Unterschiede zwischen dem Johannesevangelium und den drei übrigen Evangelien, daß der Verfasser dieses Evangeliums nicht Johannes, der Jünger Jesu ist, dann zieht diese Unterstellung eine Kette von weiteren nach sich: Indiesem Fall konnte der Verfasser das, was er mitteilt, nicht von Jesu selbst erfahren. Also mußte er Vorlagen benutzen. Sofort erhebt sich die weitere Frage, welcher Art die Vorlagen gewesen sind. Daraus folgt die Frage, wie diese Vorlagen von dem eigenen Beitrag des Evangeliums abzugrenzen sind. Das setzt weitere Unterstellungen in bezug auf dessen Theologie, Tendenz und Gruppenzugehörigkeit in Gang. Dabei taucht die Frage nach dem religionsgeschichtlichen Hintergrund auf (wobei zwischen dem Evangelisten und seinen Vorlagen zu unterscheiden ist): Welche Einflüsse haben auf den Verfasser des Johannesevangeliums eingewirkt? Gnosis? Qumran? Gnostizierendes Judentum? Oder orientiert er sich wirklich nur am Alten Testament? Und wenn Gnosis, wie ist seine Beziehung dazu: polemisch? positiv? oder kritisch?

b) *In der Literarkritik* hat die Hypothesenbildung eine andere Funktion. *Es wird Antwort auf die Frage nach Struktur und Überlieferung des »Textes« gesucht.* Unter anderem spielen folgende Fragen eine Rolle: Mündlich geprägt oder von vornherein schriftlichfixiert? Mündlich oder / und schriftlich überliefert? Literarisch einheitlich oder nicht? Wurden Quellen benutzt oder Traditionszusammenhänge oder Einzelüberlieferungen? Liegt literarische Abhängigkeit vor? Ist mit einer späteren Bearbeitung zu rechnen oder gar mit mehreren? Lassen sich Gesetzmäßigkeiten in der Formbildung erkennen, die den Aufbau charakterisieren?

Diese Fragen sind herausgegriffen ohne Zusammenhang und ohne Anspruch auf Vollständigkeit. *Auf jede solcher Fragen wird durch Unterstellungen Antwort gegeben. Diese Antworten lassen sich* samt und sonders *nicht überprüfen.* Sie sind lediglich ausgewiesen durch Plausibilität und durch die Kunst des Forschers, seine Unterstellungen mit Argumenten zu begründen. *Sie werden dadurch für andere Forscher annehmbar, daß sie sich in die Komplexe der bereits mehr oder weniger allgemein angenommenen Unterstellungen gut einfügen,* d. h. durch einen sorgfältigen Rückbezug auf die bisherige Forschung. *Anders gesagt: Die Hypothesenbildung in der alt- und neutestamentlichen Wissenschaft ist ein sich selbst stabilisierendes System.*

Es ist ein müßiges Spielen mit Gottes Wort, das nicht nach Gott fragt, auch wenn der einzelne Forscher in dem Glauben sein kann, damit Gott einen Dienst zu tun. Sehr viel Arbeit und Entbehrung wird darin investiert – eine 60-Stunden-Woche ist für solche Forscher durchaus normal – und das ein ganzes Leben lang, bis die geistigen und körperlichen Kräfte verfallen.

Soll diese Lebensarbeit nicht vergebens sein, dann ist der Alt- oder Neutestamentler darauf angewiesen, daß seine Hypothesen Anerkennung finden. Er muß danach trachten, Ehre von den Menschen zu nehmen. *Allein durch dieses wechselseitige Ehre-Geben und -Nehmen gewinnt diese Arbeit, welche unter so viel Einsatz und Entbehrung geschieht, den Schein der Realität.*

c) Aufgrund seiner Arbeit gewinnt *der Theologieprofessor zwangsläufig die feste Überzeugung, daß man Gottes Wort nicht verstehen kann, ohne sich die Hypothesengebilde alt- und neutestamentlicher Wissenschaft zu eigen gemacht zu haben. Er ist wirklich überzeugt davon und deshalb in der Lage, diese Überzeugung auch seinen Hörern zu übermitteln.*

Da die Studenten sich nie im gleichen Umfang die in lebenslanger Arbeit erworbenen »Ergebnisse der Forschung« zu eigen machen können, werden sie unsicher und geraten in Abhängigkeit. Anstatt den Heiligen Geist nicht nur formal zu bitten, sondern wirklichvon ihm zu erwarten, daß er ihnen sein Wort aufschließt, greifen sie nach einem »Kommentar«, einem Werk, das ein Buch der Bibel Vers für Vers historisch-kritisch »erklärt«. Sie werden durch das Studium so darauf getrimmt, »Schwierigkeiten« im »Text« zu entdecken, daß sie gar nicht mehr damit rechnen können, ohne Hilfe eines Kommentars mit dem »Text« zurechtzukommen.

Da jede Unterstellung eine Kette von weiteren Unterstellungen nach sich zieht, genügt es überdies, daß zu einem Bibelwort eine der gelernten Hypothesen ins Gedächtnis kommt, um das Bedürfnis, »nachzuschlagen« zu wecken.

Der studierte Theologe ist meistens unfähig, Gottes Reden in seinem Wort zu vernehmen.

Deshalb gibt er die ihm eingeimpfte Überzeugung, daß allein durch die historisch-kritische Theologie die Heilige Schrift erschlossen werden könne, an seine Gemeinde weiter und lehrt sie unter Abstrichen, was er selber an der Hochschule gelernt hat.

Je mehr Mühe ihn der Erwerb dieses Wissens gekostet hat, je kostbarer ist es ihm geworden. Überdies bringt es ihm die Ehre ein, als »Sachverständiger« vor seinen Schülern oder Gemeindegliedern zu stehen. Der schlichte Umgang mit Gottes Wort, der darauf abzielt, ein Täter des Wortes zu werden, verschafft ihm solche Ehre nicht. Denn dabei teilt der Heilige Geist zu, wem er will, und das muß keineswegs der »Herr Pfarrer« sein.

Überwältigt durch den »Sachverstand« des Theologen verliert der Schüler, der Konfirmand oder das Gemeindeglied das Zutrauen, er könne selber Gottes Wort verstehen, und damit zumeist auch die Freude am Umgang damit.

2. Nirgendwo wird soviel »geglaubt« wie im wissenschaftlichen Studium, zumindest im Studium der Theologie.

a) den einzelnen Hypothesen liegen zwar Argumente zugrunde, aber der durchschnittliche, ja selbst der sorgfältigere *Student nimmt 80-90 % der Hypothesen auf, ohne in der Lage zu sein, die Argumente abzuschätzen und zu wägen, und etwa 40-50 %,* vielleicht sogar mehr, *ohne die Argumente auch nur zu kennen.* Denn die Argumente werden in den Lehrveranstaltungen im allgemeinen nur soweit in den Blick gebracht, wie Thesen vertreten werden, die relativ neu und noch nicht allgemein anerkannt sind, oder soweit die Ausführungen des Lehrenden auf Widerspruch stoßen. Ein sorgfältiges Einarbeiten in die Lehre kommt im Einzelfall zwar vor, ist aber nicht die Regel und kann es auch nicht sein. Denn das Gebäude der Wissenschaft besteht aus einer Vielzahl von Hypothesen,von denen jede einzelne zu ihrer Unterstützung zahlreicher Argumente bedarf.

b) Eine Reihe von Grundannahmen, die den Charakter eines Consensus Communis haben, d. h. betreffs deren eine allgemeine Übereinstimmung unter den Forschern besteht, *bilden einen Raster, ohne den es überhaupt nicht möglich ist, in Vorlesungen und Seminaren Informationen aufzunehmen oder zu verarbeiten.*

Diese Grundannahmen werden zwar nicht in der Theorie, wohl aber im praktischen Umgang Tatsachen gleichgesetzt, d. h. man geht mit ihnen um, als ob es Tatsachen wären. *Wer sie solchermaßen in sein Denken einbezieht, wird durch sie geprägt und verändert.*

Das Risiko des Theologiestudiums ist deshalb sehr groß, denn diese Veränderungen geschehen zwangsläufig und unbemerkt. Man atmet eine Atmosphäre ein, die tödlich ist wie Kohlenmonoxyd und von demjenigen, der sich darin aufhält, ebensowenig wie dieses wahrgenommen wird, wenn nicht Gottes Gnade in besonderer Weise helfend eingreift.

c) *Objektivität wissenschaftlicher Arbeit ist weithin Schein.* In der Praxis spielen außerwissenschaftliche Elemente eine erhebliche Rolle: z. B. Gruppenbildung, personale Vertretung, der »Name« des Wissenschaftlers (der in verschiedenen theologischenLagern unterschiedliche Bedeutung haben kann), Schlüsselstellungen als Inhaber eines Lehrstuhles oder Leiter eines Institutes, vor allem aber Herausgeber von Zeitschriften oder Fachberater von Verlagen für die Publikation von Reihen.

d) *Scheinbar ist der Student in der Lage, sich ein objektives Urteil zu bilden. In Wirklichkeit ist seine Informationsaufnahme vorgefiltert. Dieser Filter wird gebildet*

– *durch seine Lehrer.* Die »Wahl« des Hochschulortes, oft nach völlig anderen Kriterien als der an der Hochschule vorherrschenden Richtung getroffen, kann für die theologische Prägung des Studenten entscheidend sein.

– Gleichermaßen wird der Filter gebildet durch die *Begrenzung seiner Möglichkeiten zum Buchstudium* in der begrenzten Studienzeit. *Der Student kann nur eine Auswahl verarbeiten und hält sich deshalb zunächst an das, was ihm empfohlen wird* in den besuchten Lehrveranstaltungen. Aber auch da, wo er unabhängig wählt, bekommt er nur einen Ausschnitt in den Blick. *Die Literatur, welche ihm in den Seminarbüchereien und der Universitätsbibliothek zur Verfügung steht, ist vorgefiltert.* Christliche Literatur von bibeltreuen Verfassern ist weithin tabu. Die Erzeugnisse mancher Verlage gelten von vornherein als indiskutabel und können im Literaturverzeichnis einer wissenschaftlichen Arbeit nicht angeführt werden, wenn man sich keine Minuspunkte einhandeln will. Der Professor kennt sie auch nicht, und man setzt ihn unter Druck, wenn man sie in seiner Arbeit anführt. Er müßte sie erst einmal anschaffen, sie lesen und sich damit auseinandersetzen. Da er aber ohnehin unter Zeitdruck steht und von vornherein von der Fragwürdigkeit dieser Druckerzeugnisse überzeugt ist, wird er sie in der Regel abweisen.

– Heutzutage bietet man den Studenten im Seminar sogar die *Möglichkeit an, »sich an der Forschung zu beteiligen«.* Genau gesehen handelt es sich dabei aber entweder um die *Übernahme von zeitaufwendigen Routineaufgaben,* die der Professor in einem von ihm zuvorbedachten Arbeitsvorhaben erledigt haben möchte, oder aber um *eine Arbeit mit vorgefertigten Materialien.* Sie verläuft dann ähnlich, wie Kinder mit Lego-Spezialkästen ein bestimmtes Haus oder Fahrzeug zusammenbauen. Natürlich sind Abweichungen möglich, aber sie erweisen sich gegenüber dem vorgeplanten Modell als nicht optimal, was der Professor oder selbst der ältere Student mit Leichtigkeit demonstrieren kann. Durch das *Material wird das erwartete Ergebnis sichergestellt; doch scheinbar hat sich der Student »selbst überzeugt«. Auf diese Weise werden Rebellen ins System eingebunden. Die Ehre, als »Forscher« ernstgenommen zu werden, tut das ihrige hinzu.*

3. Der Studienverlauf hat den Charakter einer sekundären Sozialisation. Der Student erfährt eine starke Prägung. Er kommt als homo novus in das Studium hinein, als einer, der nichts weiß und nichts kann und die Gepflogenheiten und Spielregeln nicht kennt. Um akzeptiert zu werden, muß er sich diese Regeln und Gepflogenheiten zu eigen machen und dasjenige Können und Wissen erwerben, das in seinem Studium zählt.

a) Der Student steht unter dem Druck *eines gewaltigen Informationsgefälles, das nicht durch pädagogische Staustufen abgemildert ist.* Der Professor breitet in Vorlesungen und Seminaren die Ergebnisse seiner Lebensarbeit aus, die auf der Arbeit von Forschergenerationen vor ihm beruht, während die Studenten noch Mühe haben, die Methoden zu erfassen, nach denen diese Ergebnisse erarbeitet wurden.

Angesichts dieses Informationsdruckes ist es schwer, an mitgebrachten Einsichten aus Gottes Wort festzuhalten, wenn diese als »unwissenschaftlich« disqualifiziert werden. *Von seiten der Lehrenden begegnet dem gläubigen Studenten vielfach Widerstand in folgenden Spielarten:*
Herablassung: »Sie werden es schon noch lernen!«
Versuchung: »Stellen Sie sich doch wenigstens theoretisch auf diesen Standpunkt.«
Verführung: »Ist denn Ihr Glaube so schwach und trauen Sie Gott so wenig zu, daß Sie sich auf diese Gedanken nicht einlassen wollen?«

So wird er dazu gebracht, sich Gedanken zu eigen zu machen, die dem, was er im Worte Gottes gelernt hat, widerstreiten.

b) *Der Studierende steht zugleich unter einem starken Gruppendruck.* Die Kommilitonen, besonders diejenigen aus den höheren Semestern oder solche, die sich durch besondere Begabung auszeichnen, sind »Miterzieher«, die entscheidenden Mit-träger dieser Sozialisation. *Ein gläubiger Student,* der auf Grund seiner anderen Einstellung zu Gottes Wort nicht bereit ist, bestimmte Methoden oder Ergebnisse der historisch-kritischen Theologie zu akzeptieren, *wird meistens diskriminiert.* Er wird belächelt, verspottet, und – bei allem heimlichen Respekt – als Außenseiter behandelt. Wenn er seine Ansichten geschickt zu vertreten weiß, kann er vielleicht hier und da auch einen Achtungserfolg erringen. Mit einer Anerkennung seiner Ansichten als gleichberechtigt darf er höchstens in Einzelheiten rechnen, mit denen er sich nicht zu weit vom Traditionszusammenhang der in Frage stehenden wissenschaftlichen Disziplin entfernt.

c) *In dem Maße, wie der Student zunehmend in die historisch-kritischen Gedankengänge eingeweiht wird, wird er den Menschen entfremdet, mit denen er zuvor im Glauben verbunden war.* Sie können jetzt »nicht mehr mitreden« und es wird ihm schwer, auf sie zu hören. Er versteht sie nicht mehr und wird von ihnen nicht mehr verstanden. Er wird isoliert und steht in der Gefahr, sich zu überheben. Um so anfälliger wird er für den Gruppendruck durch die Lehrenden und durch die Mitstudenten.

d) *Der Student* hat Arbeiten vorzulegen, in denen er nachweisen muß, daß er sich die Arbeitsweise der historisch-kritischen Theologie hinreichend zu eigen gemacht hat. *Er steht unter dem Zwang, selber historisch-kritisch zu denken, zu reden und zu schreiben.* Ohne besondere Gnade Gottes führt das zu einer schwerwiegenden Veränderung in seinem Denken und in seinem Glauben. Er ist nicht mehr derselbe. *Sein Umgang mit Gottes Wort wird grundlegend verändert,* auch dann, wenn er es zu seiner eigenen Erbauung lesen will. Das im Studium Gelernte schiebt sich vor das Wort und verstellt ihm den Zugang.

4. *In der Praxis des Umgangs mit der christlichen Überlieferung geschieht* in der historisch-kritischen Theologie das, was man in der Gnosisforschung mit dem Begriff Pseudomorphose belegt hat. *Pseudomorphose* besagt, daß Begriffe ihres ursprünglichen Sinnes entleert und mit einem neuen Inhalt gefüllt werden, der mit dem ursprünglichen Sinn nicht viel mehr als nur den Namen gemein hat. Diese Sinnvertauschung ist eine Erscheinung, die in der theologischen Wissenschaft auf Schritt und Tritt vorkommt. *Die biblischen Begriffe* wie Rechtfertigung aus Glauben, Stellvertretung, Gnade, Erlösung, Befreiung, Erbsünde, Glaube, Gebet, Gottessohnschaft Jesu *werden zwar weiterhin gebraucht, aber so, daß diesen Begriffen ein anderer Sinn unterlegt ist.*

Daß Jesus Gottes Sohn ist, wird z. B. vielfach nicht so verstanden, daß er »Gott von Gott, Licht von Licht, wahrhaftiger Gott aus wahrhaftigem Gott« ist, sondern lediglich als eine Chiffre, die aussagen soll, daß am »historischen Jesus« etwas Besonderes ist, wodurch er sich von anderen Großen der Geschichte unterscheidet, und daß wir es in ihm – irgendwie – mit Gott zu tun bekommen. In diesem Zusammenhang begegnet die Aussage, daß jede Epoche ihr eigenes Geschick habe und ihre eigene Christologie hervorbringen müsse. Diese Formel kenne ich seit 30 Jahren. Ich habe sie früher selbst verbreitet und allen Ernstes auf eine solche Christologie gewartet – vergeblich. Es erwies sich, daß diese Formel lediglich ein Freibrief war, um das, was uns Gottes Wort von unserem Herrn und Retter Jesus sagt, als unverbindlich beiseite zu schieben als »Christologie« einer vergangenen Epoche.

Man pflegt zu sagen: Messias sei nur ein Würdetitel, Gottessohn ebenso, Retter desgleichen, den verschiedene Gruppen des Urchristentums Jesus angehängt hätten, um seine »Bedeutsamkeit« denjenigen klarzumachen, welche mit diesen Titeln Heilserwartungen verbanden. Man scheut sich heutzutage nicht zu sagen, Jesus sei durch solche Titel »von seinen Anhängern hochgejubelt worden«. *Wer sich auf diese Denkweise ein-*

läßt, der verläßt den einfältigen Glauben an Gottes Wort und wird Schaden leiden. »Glaubst du, sohast du«, sagt Luther mit Recht. Wenn ich Gottes Wort keinen oder nur halben Glauben schenke in dem, was es über Jesus sagt, dann werde ich Mangel haben an dem, was er für mich ist. Ich werde Jesus nur erfahren entsprechend meinem Glauben, und ich werde bei solcher Einstellung Mangel haben an seinem Segen und an Gemeinschaft mit ihm. Lassen wir uns nicht davon abbringen, daß Jesus der Messias, der Gottessohn, der Retter ist, auch wenn man uns deswegen den Gebrauch einer überholten und unzulänglichen Philosophie unterstellt, weil wir nach ihrer Ansicht bloße Worte für Tatsachen nehmen.

Nur einen Heilsbegriff aus der Heiligen Schrift kenne ich, der von dieser Sinnvertauschung nicht erfaßt worden ist: das Blut Jesu. Diesen Begriff schiebt man beiseite mit der Behauptung, die Rede vom Blut sei ein fragwürdiges Überbleibsel aus einer Epoche, in der bei Juden und Heiden blutige Opfer an der Tagesordnung waren.

Nur der Heilige Geist kann uns Licht geben, daß wir diese Sinnvertauschungen durchschauen. Wir dürfen Gott dafür um Weisheit bitten. Es sind Lügengewebe vom Feind, so fein gesponnen und gewebt, daß man ihnen nur mit Hilfe des Heiligen Geistes beikommen kann. Wir sollten uns nicht täuschen – die Theologieprofessoren glauben, was sie sagen. Sie sind selber in diesen Lügennetzen gefangen, bis Gott sie aus Gnade herausholt und versetzt aus der Verfügungsgewalt der Finsternis in das Reich seines lieben Sohnes (Kol 1,13 f.).

Es wird gesagt, die alten Begriffe seien so, wie sie einmal ursprünglich gebraucht wurden, den modernen Menschen nicht mehr zugänglich und man müsse deshalb das, was sie meinen, in die heutige Situation übertragen. Es wird aufgefordert in Gottes Wort zwischen Gesagtem und Gemeintem zu unterscheiden. Dagegen ist geltend zu machen: »Alle Schrift ist von Gott eingegeben und nütze zur Lehre, zur Überführung, zur Zurechtweisung, zur Unterweisung in der Gerechtigkeit, damit der Mensch Gottes vollkommen sei, zu jedem guten Werk völlig zugerüstet« (2 Tim 3,16-18).

Man sagt, die Heilige Schrift sei Gotteswort und Menschenwort, wie unser Herr Jesus Gott und Mensch ist nach dem Bekenntnis der Kirche. Aber in dem gleichen Bekenntnis heißt es: unvermischt und ungeschieden. Deshalb ist es nicht zulässig und auch nicht möglich, zeitbedingtes Menschenwort und ewig gültiges Gotteswort auseinanderzuklauben. In einer Mischung von Eisenfeilspänen und Sägemehl kann ich das Eisen mit einem Magneten aussortieren. *Aber Gottes Wort ist keine Mischung von gültigem Gotteswort und zeitbedingtem Menschenwort, die sich auseinandersortieren ließe.*

C. Konsequenzen

Diese Zeilen sind nicht zu dem Zweck geschrieben, Menschen zu verurteilen, für die doch unser Herr Jesus ans Kreuz gegangen ist. Vielmehr soll das System der historisch-kritischen Theologie in seiner Gefährlichkeit gekennzeichnet werden, so, wie man auf eine Giftflasche ein entsprechendes Etikett aufklebt, damit niemand aus Versehen daraus trinkt und meint, er würde sich etwas Gutes einverleiben.

Wenn man weiß, was man im Theologiestudium zu erwarten hat, dann wird man nicht mehr ohne weiteres den Schluß ziehen, daß jemand, der vom Herrn berufen ist, Apostel, Missionar, Evangelist, Hirte oder Lehrer zu werden, *selbstverständlich* Theologie studieren müsse.

In der Welt muß man – wenn möglich – studieren, um ein gutes Einkommen zu erringen und »etwas aus seinem Leben zu machen«. Wir sind aber nicht in der Welt zu Hause, sondern unser Bürgerrecht ist im Himmel (Phil 3,20). Wir werden aufgefordert, uns nicht der Welt gleichzustellen (Röm 12,2). Wir dürfen nicht vergessen, daß die Welt uns haßt (Joh 15,19; 1 Jo 3,13). Wir sind Soldaten Jesu Christi, und kein Soldat bewegt sich ohne Marschbefehl, schon gar nicht in Feindesland. Sollte er es aber doch tun, dann zieht er sich Schwierigkeiten zu.

Ein junger Mensch, der vor der Frage steht, ob er diese Theologie studieren soll, der sollte mit lauterem Herzen, bereit, die eigenen Pläne dranzugeben, Gott fragen, ob das Sein Wille ist. Er *sollte Klarheit gewinnen, ob er vom Herrn dazu berufen ist, nicht nur dazu, »ein Gelenk des Dienstes« (Eph 4,16) zu wer-*

den, sondern ausdrücklich auch zu solchem Studium der Theologie.

Wen der Herr dazu beruft, der begebe sich fröhlich und getrost an die Theologische Fakultät. Er ist ein Gesandter seines Königs, und der wird ihn auch an diesem Ort zu bewahren wissen. Nur muß er sich mit aller Vorsicht dort bewegen, wie das ein Soldat in Feindesland tut.

Wer zu diesem Theologiestudium keinen Ruf hat, der sollte wissen, daß unser Vater im Himmel über viele Möglichkeiten verfügt, einen Menschen zum Dienst vorzubereiten:

Josef wurde nicht an der königlichen Verwaltungsakademie ausgebildet, der zweite im Reiche des Pharao zu sein, sondern im königlichen Gefängnis.

Mose war zwar, da er als Sohn der Tochter des Pharao galt, in allen Wissenschaften und Künsten der Ägypter unterwiesen. Aber er wurde zubereitet, sein Volk aus Ägypten bis zum verheißenen Land zu führen, in einer vierzigjährigen Ausbildung als Schafhirte seines Schwiegervaters Jethro in der Wüste Midian.

Josua hat seine Zubereitung durch eine jahrzehntelange Tätigkeit als Diener Moses erhalten.

Gott spricht: »Gib mir, mein Sohn, dein Herz, und laß deine Augen Gefallen haben an meinen Wegen« (Spr 23,26).

Der Glaube der Theologie und die Theologie des Glaubens

I. Vorbemerkungen zum wissenschaftlichen Studium

A. Wissenschaftliches Studium ist zunächst einmal eine Disziplinierung des Denkens.

1. *Der Vollzug des Denkens wird von der persönlichen Betroffenheit gelöst.* Die das Herz bewegenden, den Verstand beschäftigenden und den Menschen umtreibenden, antwortheischenden Fragen werden verworfen zugunsten »wissenschaftlicher Fragestellungen«. Eine Weile mag der Student meinen, in der Wissenschaft Antworten auf seine mitgebrachten Fragen zu erhalten. Mit der Zeit muß er begreifen, daß es für »vorwissenschaftliche« Fragen keine wissenschaftlichen Antworten gibt. Sie sind im Bereich der Wissenschaft auch gar nicht relevant.

2. *Die Verstandestätigkeiten werden geschult und geläufig gemacht.*

Der Student übt sich im:
- Beobachten
- Benennen
- Vergleichen
- Unterscheiden
- Zuordnen
- Einordnen
- Voraussetzen
- Schließen u.a m.

Das Ergebnis solcher – anfangs oft mühseligen – Übung erfährt er als *persönlichen Gewinn:* Er hat etwas gelernt, er kann etwas und er unterscheidet sich dadurch von anderen, denen dieses Können abgeht.

3. *Der Student lernt es, sich Einzelinformationen zu besorgen und so in vorgegebene Raster einzufügen, daß ihm allmählich größere Zusammenhänge geläufig werden.* Aufgrund der notwendig aufzuwendenden Mühe wird dieses Ergebnis natürlicherweise als erhebliche *Bereicherung* erfahren. Der Student

hat den Eindruck, Durchblick zu gewinnen, wo er sich in den ersten Semestern wie durch einen Nebel hindurchtasten mußte, und bekommt dadurch automatisch ein *Überlegenheitsgefühl* solchen gegenüber, die diesen Durchblick (noch) nicht besitzen. Was er erworben hat, ist ihm wert und teuer, denn er hat zuvor unter der Situation gelitten, zumeist nur Glocken läuten zu hören, von denen er nicht wissen konnte, wo sie hingen.

4. *In den höheren Semestern lernt der Student, angesichts der Vielzahl abweichender Meinungen Stellung zu beziehen und eine durch Argumente gestützte Position zu gewinnen, die ihm von sich selbst den Eindruck geistiger Eigenständigkeit vermittelt.* Das ist ein großer Lustgewinn, der für manche Mühe vorangegangener Monate und Jahre entschädigt.

5. *Ein Teil der Studierten erreicht in der Disziplinierung des Denkens die Stufe der disziplinierten Kreativität, die zu neuen wissenschaftlichen Erkenntnissen führt.** Das wird von einer gar nicht so kleinen Zahl von Menschen als ein sinnvolles Lebensziel und ein so tiefes Glückserlebnis erfahren, daß sie dafür bereit sind, ein wahrhaft asketisches Leben mit 60 Wochenarbeitsstunden über Jahre und Jahrzehnte zu führen und den Großteil ihrer Finanzen in Arbeitsmittel zu investieren.

B. Wissenschaftliches Studium ist nicht nur eine Disziplinierung, sondern auch eine Reglementierung des Denkens.

Jede Wissenschaftsdisziplin stellt einen Traditionszusammenhang dar, der durch die im Zeitverlauf gesehenen Probleme des Fachbereichs, die angebotenen Lösungsversuche, ihre Annahme und Abstoßung unter dem Einfluß wissenschaftlicher Gesichtspunkte und außerwissenschaftlicher Faktoren gebildet wird. Auch wenn diese Geschichte der Disziplin gar nicht bewußt im Blick und den Vertretern der Fachrichtung möglicherweise nicht einmal hinreichend bekannt ist, *reglementiert dieser Traditionszusammenhang dennoch die gesamte*

* Kreativität als solche ist in den Anfangssemestern eher höher. Hier geht es um eine Kreativität, die bei konsequenter Einbindung in den vorgegebenen Traditionszusammenhang einer wissenschaftlichen Disziplin zu Innovationen in der Lage ist, die selber ein Bestandteil des Traditionszusammenhanges werden.

wissenschaftliche Arbeit innerhalb der Disziplin. Neue wissenschaftliche Erkenntnisse können nur in Anbindung an den Traditionszusammenhang zur Geltung gebracht werden.

Die fachwissenschaftliche Reglementierung des Denkens ist ein Lernprozeß, der von der Fremdbegrenzung zur Selbstbegrenzung führt. Die Reglementierung des Denkens ist an sich keineswegs negativ zu sehen, sondern *ist eine Notwendigkeit, wenn Denken kommunizierbar sein soll.* Ich kann mir über vieles meine Gedanken machen, aber es bleibt fruchtlos, wenn es nicht auf einer Ebene geschieht, die anderen ermöglicht, daran teilzuhaben und darauf hinzuweisen.

Der Theorie nach ist wissenschaftliches Denken frei und erkennt keine Begrenzung an. »Freiheit der Wissenschaft«. »Lehr- und Lernfreiheit« sind allgemein als berechtigt anerkannte Forderungen. *In der Praxis gibt es diese Freiheit nur innerhalb des Traditionszusammenhanges der verschiedenen Fachrichtungen und Disziplinen.* Für diesen Tatbestand besteht weithin Betriebsblindheit, auch wenn der einzelne Wissenschaftler mehr oder weniger schmerzliche Erfahrungen damit macht. In wissenschaftlichen Darstellungen kommt der Tatbestand manchmal in den Blick, wenn es heißt, die Zeit sei noch nicht reif gewesen für eine bestimmte Erkenntnis. De facto war jedoch ihre Einbindung in den Traditionszusammenhang nicht zufriedenstellend vollzogen. So entstehen Außenseiterpositionen – teils im Abseits verschwindend, teils vom Lavafluß des Traditionsstromes eingeholt, mitunter auch, wenn durch Gruppenbildung eine Außenseiterposition sehr stark besetzt wird, in bewußtem Brückenschlag allmählich einholt.

Wissenschaftliche Fragestellungen ergeben sich in der Regel nicht (oder nicht Primär) aus dem untersuchten Gegenstand, sondern aus den jeweiligen Gegebenheiten des Traditionszusammenhanges. Eine freie Wissenschaft in dem Sinne, daß sie nur den Gesetzmäßigkeiten eines disziplinierten Denkens unterworfen und dem Gegenstand, den sie erforscht, verpflichtet sei, gibt es nicht, zumindest nicht im Sinne der Freiheit des einzelnen Forschers. Die Entstehung eines separaten Zusammenhanges ist möglich und, soweit ich sehe, teilweise auch schon verwirklicht worden. In solchem Falle ist einerseits mit weitgehender Diskriminierung und Negierung der Neubildung zu rechnen. Auf der anderen Seite werden in dem Falle, daß sich die Neubildung als lebensfähig erweist, Integrationsbemühungen kaum ausbleiben, die Umklammerungstendenzen haben.

C. Wissenschaftliches Studium verändert den Studierenden

Aus dem Verangegangenen sollte deutlich geworden sein, daß wissenschaftliches Studium nicht lediglich ein Sammeln nützlicher Erkenntnisse oder das Einholen von Antworten aus wichtige Fragen ist. Es ist nicht nur eine Ausbildung, in der Fähigkeiten geschult und Fertigkeiten gewonnen werden. *Wissenschaftliches Studium bewirkt vielmehr eine tiefgreifende Veränderung in der Person des Studierenden. Die Disziplinierung des Denkens bedeutet eine starke Prägung, die vom Studierenden ungeachtet aller möglichen Nebenwirkungen notwendig als Gewinn verbucht wird.* Auch der Reglementierung des Denkens kann er sich nicht entziehen, wenn er sein Studium erfolgreich zum Abschluß bringen will. Er kann sie nicht nur übungsweise über sich ergehen lassen, sondern er ist zwangsläufig genötigt, sich dieselbe weitgehend zu eigen zu machen. Ihm werden ja weniger die Antworten diktiert, als vielmehr die Fragestellungen vorgegeben, durch welche die Antworten bereits vorprogrammiert sind, auch wenn sie von ihm relativ eigenständig gewonnen werden sollen.

Diese Einsichten müssen wir im Blick behalten, wenn wir im folgenden die wissenschaftliche Theologie, wie sie an unseren Universitäten gelehrt wird, ins Auge fassen wollen.

II. Der Glaube der Theologie

1. *Der Studierende wird genötigt, »vorurteilslos« an das theologische Studium heranzugehen, »radikal und rückhaltslos nach der Wahrheit zu fragen«. Es wird von ihm erwartet, das, was er bisher aus Gottes Wort gelernt hat und was er im Glauben erfahren durfte, beiseite zu stellen zugunsten dessen, was er im Studium zu lernen hat.*

Der Studierende ist ja an die Hochschule gekommen, um zu lernen, und er geht von der Voraussetzung aus, er werde im Verlauf seines Studiums tiefer eindringen in die Erkenntnis der Wahrheit. Deshalb scheint ihm diese Zumutung tragbar, selbst wenn sie ihn vielleicht schmerzlich anmuten mag. Er strebt ja der Wahrheit nach, und Wahrheit wird ihm versprochen.

Was ihm verschwiegen wird, ist die Tatsache, daß die Wissenschaft selber, auch und besonders die theologische Wissenschaft, keineswegs vor-urteils-frei und voraussetzungs-los ist. Die Voraussetzungen, die den Arbeitsvollzug jeder ihrer Disziplinen bestimmen, walten im Verborgenen und werden nicht offen dargelegt.

Die grundlegende Voraussetzung der gesamten wissenschaftlichen Theologie, wie sie an unseren Universitäten gelehrt wird, besteht darin, daß der disziplinierte, fachmäßig reglementierte kritische Verstand die letzte Instanz in der Frage der Wahrheit ist. D. h.: *Der Verstand wird der Heiligen Schrift übergeordnet.* Der Verstand entscheidet, was in der Schrift wahr und was wirklich ist. Der Verstand entscheidet, was sicher, wahrscheinlich, wenig wahrscheinlich oder gar nicht geschehen ist, geschieht oder geschehen wird. Der Verstand entscheidet, ob Gott als handelndes und redendes Subjekt anzusehen ist, oder ob man es nur mit menschlichen Gottesvorstellungen und Gottesbegriffen zu tun hat.

Der Verstand bedient sich dabei seiner ihm innewohnenden Möglichkeiten des Erkennens:

Singuläres Geschehen entzieht sich dem Verstand; also muß er die grundsätzliche Gleichartigkeit allen Geschehens voraussetzend behaupten.

Erkenntnis ist dem Verstand nur möglich durch Vergleichen und Unterscheiden. Also muß er da, wo er erkennen möchte, zunächst einmal Vergleichsebenen entwerfen. *Offenbarung ist dem Verstand nicht faßbar; er geht aus von zu jeder Zeit von jedermann machbaren Erfahrungen.* Er urteilt fleischlich und ist von sich aus völlig außerstande, Geistliches zu beurteilen, das geistlich beurteilt werden muß. Es wird für ihn zum bloßen Begriff und zu einer Vorstellung ohne Realitätsgehalt.

2. Machen wir uns das an einem *Beispiel* klar:

Für den Glaubenden ist Johannes 3,16 *Realität:* »Also hat Gott die Welt geliebt, daß er seinen einziggeborenen Sohn gab, auf daß alle, die an ihn glauben, nicht verlorengehen, sondern das ewige Leben haben.« Er dankt Gott dafür.

Von dieser Realitat soll er als Student in der theologischen Arbeit Abstand nehmen und statt dessen zusehen, wie ein solches Wort auf das Prokrustesbett des religionsgeschichtlichen Vergleichs geschnallt wird: Der religionsgeschichtliche Vergleich sieht völlig ab von Realität und Wahrheit. Das zu Vergleichende wird von vornherein reduziert auf Gedanken, Vorstellungen und Begriffe. Gedanken, Vorstellungen und Begriffe aus verschiedenen Religionen werden miteinander verglichen, wobei immer auch die Frage der Korrelation gestellt ist: Läßt sich das eine aus dem anderen ableiten, oder besteht eine wechselseitige Beeinflussung?

Für Johannes 3,16 kann das – grobschlächtig dargestellt – etwa folgendermaßen aussehen:

Da das Judentum keinen Sohn Gottes von Herkunft kennt, sondern nur von Adoption, und die heidnischen Göttersöhne keine Offenbarergestalten sind, kommen als Vergleichsmaterial nur gnostische, speziell mandäische Schriften in Frage. Dafür scheint zu sprechen, daß mandäische Offenbarergestalten darin in Begriffen reden, die im Johannesevangelium Jesus gebraucht (Licht/Finsternis; Leben/Tod; u. a. m.). Ansonsten kann von Parallelität kaum die Rede sein. Der »Logos« des Johannesevangeliums ist Weltschöpfer, die mandäischen Offenbarergestalten sind es nicht. Von einer Erlösung am Kreuz ist bei ihnen schon gar keine Rede. Die zeitliche Bezugslinie stimmt ebenfalls nicht: Die mandäischen Schriften sind Jahrhunderte jünger, und man sieht sich deshalb genötigt, ein Urmandäertum zu konstruieren. Diese Probleme werden zwar gesehen, aber man betrachtet sie nicht als Infragestellung des religionsgeschichtlichen Vergleichs. Man zieht sie lediglich als ausgedehntes Arbeitsfeld für Hypothesenbildung in Betracht, d. h. für Kartenhäuser von Unterstellungen, bei denen die eine die andere stützen muß.

Wird der religionsgeschichtliche Bezugspunkt nicht im Mandäertum, sondern statt dessen in den Schriften von Qumran gesehen, ergeben sich gradweise Unterschiede und gewisse Verschiebungen. *Es liegt aber genauso die Anschauung zugrunde, daß das Bibelwort seine Entstehung mehr oder weniger solcher Beziehung zu außerchristlichen antiken Religionen verdankt,* sei es in Aufnahme ihrer These, sei es in völliger oder teilweiser Antithese. *Das original Christliche wird lediglich als Abweichung vom vorgegebenen Muster konstatiert.*

Welcher Art auch die religionsgeschichtlichen Beziehungen sind, die man unterstellt, immer ist man auf dieser Basis genötigt, ein Kartenhaus von Hypothesen aufzubauen. Im Ergebnis bleiben dann Vermutungen übrig, die mehr oder weniger durch Argumente plausibel gemacht werden.

Das Nebenprodukt ist natürlich eine erhebliche seelische Befriedigung im Selbstbeweis des Intellekts. Es hat Mühe gekostet, einander widersprechende Vermutungen und Lösungsversuche aufzuarbeiten und miteinander auszugleichen. Man hat den Eindruck der Überlegenheit, da es einem gelungen ist, vorliegende Erklärungen, die vom eigenen Blickwinkel aus offensichtlich Mängel zeigten, in einer neuen, umfassenderen Erklärung aufzuheben. *Man ist zutiefst überzeugt, damit der Wahrheit einen Dienst erwiesen und einen Beitrag zur Verkündigung des Evangeliums geleistet zu haben.*

Solche Überzeugung ist unbestreitbar ehrlich, aber mit der Wahrheit, dem Weg und dem Leben hat solches Unterfangen nichts zu tun. Durch derartige intellektuelle Anstrengungen wird ein Bibelwort wie Johannes 3,16 zu einem Bündel religiöser Vorstellungen und theologischer Begriffe erklärt und hört auf, Gottes Wort zu sein, das Menschen zur Rettung führt. *Die Voraussetzung, unter der man angetreten ist – zu forschen, als ob es Gott nicht gäbe –, legt die Ergebnisse im vorhinein fest.*

3. *Es ist Vorurteil, daß nur geschehen sein kann, was jedermann zu jeder Zeit in ähnlicher Weise widerfährt.* Auf dieser Basis wird – um ein Beispiel zu nennen – Markus 13,2 für ein »vaticinium ex eventu« erklärt: Weil genau das geschehen ist, was das Wort sagt, kann es nach Ermessen der Forschung keine echte Weissagung sein. Denn die historisch-kritische Theologie erkennt wohl menschliche Vorahnung und Vorausschau an, so daß man z. B. Jesus zubilligt, er habe seine Tötung vorausgesehen. Eine von Gott gegebene Erkenntnis zukünftiger Dinge läßt sie jedoch nicht gelten.

Welche *Kartenhäuser* die Forschung baut, mag man auch daran sehen, daß jene Stelle, Markus 13,2, nachdem sie zuvor willkürlich zum vaticinium ex eventu erklärt wurde, die Beweislast dafür tragen muß, daß das Markusevangelium »nach 70« entstanden sei. Diese Unterstellung wird dann als Eckdatum der Datierung der übrigen Evangelien und der Apostelgeschichte zugrundegelegt.

Wahrlich, die historisch-kritische Methode ist ein Koloß, der auf sehr gebrechlichen tönernen Füßen steht!

4. *Es ist Vorurteil – nicht Ergebnis wissenschaftlicher Untersuchung –, daß man nach der historisch-kritischen Methode die Wundergeschichten im Neuen Testament nicht als Berichte von geschehenen Wundern lesen darf.* Ich selber habe oft genug gelehrt – wie ich es Jahrzehnte vorher gelernt hatte – daß man, selbstverständlich, nicht annehmen dürfe, diese Wunder seien so passiert. Nachdem ich durch die Gnade Gottes überführt worden war, daß Gott heute noch dieselben Wunder tut, fing ich an nachzudenken, welche Argumente für diese Behauptung zur Verfügung stehen, und mußte beschämt feststellen: keine. Denn das Vorhandensein religionsgeschichtlicher Parallelen ist wirklich kein Beweis.

Daß im Alten Testament Speisungswunder, Totenauferweckungen u. a. berichtet werden, ist doch kein Argument, es sei denn, man setzt voraus, was zu beweisen wäre, daß die neutestamentlichen Berichte von den alttestamentlichen literarisch abzuleiten seien. Von den bei Weinreich gesammelten antiken Heilungswundern wird der größte Teil von Personen erzählt, die weit später gelebt haben, als die Evangelien nach der Ansetzung der historisch-kritischen Methode geschrieben worden sind. Ohne Vorurteil würde man sie eher als Beweis dafür nehmen, daß hier das Neue Testament eingewirkt hat, anstatt der umgekehrten Annahme Raum zu geben. Daß für antike Heilorte wie Epidaurus Wunder berichtet werden, trifft zu. Auch das ist aber kein Beweis dafür, daß die neutestamentlichen Wundergeschichten sekundäre literarische Gebilde sind. Eine literarische Abteilung ist schon vom Befund her nicht möglich. Und im übrigen gibt es den negativen Teil der unsichtbaren Welt, mit dessen Wirken an derartigen Plätzen zu rechnen ist.

5. Dies sind nur einige Andeutungen. *Eine genauere Untersuchung würde zeigen, daß der Arbeitsweise der historisch-kri-*

tischen Methode eine Reihe von Vor-Urteilen zugrunde liegen, die selber nicht Ergebnis wissenschaftlicher Untersuchung sind, sondern dogmata, Glaubenssätze, deren Grundlage die Absolutsetzung der menschlichen Vernunft als Kontrollorgan ist.

Soweit auf dieser Grundlage von Gott und von Jesus Christus die Rede ist, haben wir es demnach offensichtlich mit einem Synkretismus zu tun – eine These, für die der Beweis im einzelnen noch angetreten werden muß.

III. Die Theologie des Glaubens

Die Verneinung einer Theologie, deren Grundlage der Vernunftglaube ist, bedeutet keineswegs die Verneinung von Theologie überhaupt noch eine Verneinung des Verstandes im Bereich der Theologie.

1. Der Heilige Geist weht, wo er will, und ist nicht auf die Voraussetzung eines akademisch disziplinierten Verstandes angewiesen. Er kann Köche, Bäcker, Schuster und Fabrikarbeiter zu vollmächtigen Predigern des Evangeliums machen. *Die akademische Ausbildung ist kein Anrechtschein für Bevollmächtigung durch den Heiligen Geist. Aber der disziplinierte Verstand kann durch den Heiligen Geist benutzt und in seiner Hand ein Präzisionswerkzeug werden, wann und wo Gott es will.*

2. *Die notwendige Reglementierung des Denkens muß in der Theologie des Glaubens geschehen durch die Heilige Schrift. Sie kontrolliert das Denken.* Es hat sich dem Wort Gottes unterzuordnen. *Wenn Schwierigkeiten auftauchen, zweifelt es nicht an Gottes Wort, sondern an der eigenen Weisheit.* Es bittet Gott um Weisheit in der Erwartung, zu empfangen, worum es gebeten hat, und in demütigem Warten auf Gottes Stunde. Es setzt die Wahrheit und Einheit des Wortes Gottes voraus und ist darum auch in der Lage, sie ganz real zu erkennen und zu erfahren. *Es glaubt der Schrift,* die von sich selber sagt, daß sie von Gott eingegeben ist. *Es ist dessen eingedenk, daß Jesus Christus uns zur Weisheit gemacht ist,* und weiß darum, daß göttliche Weisheit und »irdische, sinnliche, teuflische« (Jak 3,15) unterschieden werden müssen.

Ein Denken, das sich durch die Heilige Schrift reglementieren läßt, enthält sich der müßigen Streitfragen und der intellektuellen Neugier. Es gibt seine Gedanken gefangen unter Gottes Wort und spielt nicht herum: Was wäre aber, wenn? Kann man aber nicht auch ...? usw. usw. Die Heilige Schrift ist ja Vaters Wort an uns. Wie wir mit ihr umgehen, so begegnen wir unserem Vater im Himmel.

Fragen werden auf den Knien gelöst, nicht durch das Wälzen von Kommentaren. Gott kann das Werk der Brüder, die Kommentare geschrieben haben, benutzen zu unserer Belehrung, und wir dürfen dankbar dafür sein. In Gottes Regie ist es Hilfe; in unserer Hand bedeutet es, daß wir uns auf Fleisch verlassen.

3. *Die Frucht eines Studiums der Theologie des Glaubens sollte sein:*

a) *Grammatischer und lexikalischer Durchblick;* die Fähigkeit, mit Gewinn Gottes Wort in den Ursprachen zu lesen und Übersetzungen prüfen zu können.

b) *Der Erwerb von Hintergrundinformationen und die Fähigkeit, solche Informationen zu prüfen und einzuordnen,* z. B. über Völker und Könige, die im Alten und Neuen Testament erwähnt werden, über kulturgeschichtliche Besonderheiten, über Geographie und Klima, Rechtsverhältnisse u. a. m.

c) *Einen breiten Überblick über Gottes Heilsplan zu haben und in der Lage zu sein, den ganzen Ratschluß Gottes mitzuteilen.* Fähig zu sein, Gottes Wort in gerader Richtung zu schneiden (1 Tim 1,15), an dem der Lehre gemäßen, zuverlässigen Wort festzuhalten und dadurch imstande zu sein, sowohl mit der gesunden Lehre zu ermahnen, als auch die Widersprechenden zu überführen (Tit. 1,9) und für den ein für allemal den Heiligen überlieferten Glauben zu kämpfen (Jud. 3).

d) *Es sollte Erkenntnis von Beziehungen und Zusammenhängen in Gottes Wort gewonnen worden sein;* z. B. wie die Opfergesetze das Heilswerk Jesu vorschatten, oder wie das, was in der Offenbarung mitgeteilt wird, stückweise bereits von den Propheten vorhergesagt worden ist.

e) *Es sollte die Erfahrung gemacht worden sein, daß es in Gottes Wort durch demütiges Bitten verborgene Schätze zu heben gibt,* z. B. Jesus in der Stiftshütte, der Lobpreis Gottes in den Geschlechtsregistern.

f) *Es sollte aber auch die Fähigkeit gewonnen sein, solche Schätze von eigenen Fündlein bei sich und anderen zu unterscheiden.* Das intellektuelle Vergnügen ist nun einmal da. Gott kann es gebrauchen, aber wenn das Fleisch es in die Finger bekommt – und das Biest kann wirklich schwimmen! –, dann werden keine verborgenen Schätze aus Gottes Wort gehoben, vom Urheber des Wortes aufgezeigt, sondern es werden intellektuelle Fündlein gemacht und auf Nebensätzen in der Bibel ganze Theologien aufgebaut. Das Schlimme ist, daß der Autor ehrlicherweise meinen kann, das, was er von sich gibt, durch den Heiligen Geist empfangen zu haben. So sind wir, deshalb brauchen wir brüderliche Korrektur. Wer etwa meint, er wolle sich lieber gleich auf seinen Intellekt verlassen, ist deswegen auch nicht besser dran. »Wir irren alle mannigfaltig« (Jak 3,2).

Solide Kenntnis des gesamten Wortes Gottes, wie sie oben beschrieben wurde, kann von Gott gebraucht werden, solche Fündlein und Nebensatz-Theologien zu entlarven. Aber, wohlgemerkt, von Gott. Der Theologe sitzt nicht kraft seines akademischen Studiums auf einem Richterstuhl. Gott allein hat recht.

Wenn *wir* meinen, recht zu haben, kann es uns ergehen, wie es Richter 20,12-28 beschrieben wird:

Wegen einer scheußlichen Greueltat, die in Gibea verübt worden war, zogen elf Stämme Israels gegen den zwölften, den Stamm Benjamin, aus, weil dieser nicht bereit gewesen war, die Urheber des Verbrechens auszuliefern. Die Sache, für die sie zu Felde zogen, war wirklich gerecht, und sie hatten auch den Herrn gefragt, ob sie ausziehen sollten. Dennoch ließ der Herr es zweimal zu, daß die elf Stämme von dem einen geschlagen wurden – vermutlich, weil es nicht nur die Sache des Herrn, sondern in ihrem Herzen auch ihre eigene Sache war, ihre eigene »gerechte Empörung«. Als dann der Herr beim dritten Anlauf die Benjaminiten in ihre Hand gab, machten sie ihre Arbeit so gründlich, daß sie darüber vergaßen, daß es ja ein Teil des Volkes Gottes war, gegen den sie zu Felde zogen. Der Stamm Benjamin wurde beinahe ausgerottet, und da Israel nur vollzählig vor dem Herrn erscheinen durfte, mußte das Problem gelöst werden, wie dieser Stamm, von dem es nur noch sechshundert junge Männer, aber keine Frauen gab, vor dem Aussterben bewahrt werden konnte.

Nicht wir sind es, die nach unserem Gutdünken in Aktion zu treten haben; Gott kann uns als Instrument gebrauchen, wenn es ihm gefällt, und dann haben wir zu gehorchen.

Die Denkweise der historisch-kritischen Theologie

Das Charakteristische der Denk- und Arbeitsweise der historisch-kritischen Theologie soll an einem Beispiel verdeutlicht werden. Wir wollen daran das allgemein Übliche zeigen. Deshalb wählen wir einen Abschnitt aus einem Buch, das für einen breiteren Leserkreis geschrieben ist, der Nichttheologen einschließt. Der Verfasser dieses Buches ist ein namhafter Theologe und fleißiger Gelehrter, der eher konservativ als kritisch ist. Diese behutsame Wahl der Vorlage gibt uns um so eher das Recht, unsere Beobachtungen zu verallgemeinern.

In seiner *Theologie des Neuen Testaments* stellt Werner Georg Kümmel fest, daß sich »in der zweiten Hälfte des 18. Jahrhunderts im Zusammenhang mit der geistigen Bewegung der Aufklärung innerhalb der protestantischen Theologie die Erkenntnis durchzusetzen begann, daß die Bibel ein von Menschen geschriebenes Buch sei, das wie jedes Werk menschlichen Geistes nur aus der Zeit seiner Entstehung und darum nur mit den Methoden der Geschichtswissenschaft sachgemäß verständlich gemacht werden könne.«[1]

Der unbefangene Leser wird durch die Formulierung zu der Annahme verführt, er habe als Tatsache zur Kenntnis zu nehmen, daß die Bibel nur ein Werk menschlichen Geistes sei. Denn der Grundsatz der historisch-kritischen Theologie, die Bibel als ein Werk menschlichen Geistes anzusehen, mit dem nicht anders umgegangen werden darf, als mit anderen menschlichen Geisteswerken, wird ihm als *Erkenntnis* präsentiert, d. h. als Einsicht aufgrund der Kenntnis gegebener Tatsachen. Zwangsläufig wird der Leser diese sogenannte »Erkenntnis« als ein Forschungsergebnis ansehen, das sich durchgesetzt und allgemeine Anerkennung gefunden hat. Als Laie, der die Zusammenhänge nicht kennt, wird er das Gelesene akzeptieren, weil dahinter ja die ganze Autorität der Wissenschaft steht, in der sich die »Erkenntnis« bereits vor Jahrhunderten durchgesetzt hat.

Auf diese Weise wird ein Mensch im Netz der Lüge gefangen. Die sogenannte Erkenntnis war in Wahrheit nur eine Entschei-

dung. Eine Minderheit, klein an Zahl, wenngleich zur Elite des abendländischen Geistes gehörig, hat sich dafür entschieden, den Menschen als Maß aller Dinge anzusehen (Humanismus), und folgerichtig erkannte man nur noch das als Wahrheit an, was induktiv gewonnen wurde (Aufklärung, Francis Bacon).

Das war die Entscheidung, die Wahrheit in Ungerechtigkeit darniederzuhalten. Damit entschied man sich gegen Gottes Wort als geoffenbarte Wahrheit, für die Weisheit dieser Welt, die in ihrem Wesen *atheistisch* ist, auch wenn sie sich fromm gebärdet und denNamen Gottes im Munde führt. Diese Entscheidung, die Wahrheit in Ungerechtigkeit darniederzuhalten, die zunächst nur von einigen wenigen getroffen wurde, die sich selbst für weise hielten, hat sich inzwischen so weit durchgesetzt, daß heute in Deutschland selbst der letzte Grundschüler von ihr erreicht wird.

Wie diese Verbreitung geschieht, können wir an unserer Vorlage studieren:

Man gibt vor – wie gesagt –, ein Fundament klarer Erkenntnis zu haben, auf dem Boden der Tatsachen und der Wahrheit zu stehen; davon ausgehend wird dann die Unausweichlichkeit der Folgerungen behauptet: Weil die Bibel »ein Werk menschlichen Geistes« sei, könne sie »nur mit den Methoden der Geschichtswissenschaft sachgemäß verständlich gemacht werden«.

Derartige demagogische Vereinnahmung ist nicht allein die Grundstruktur der historisch-kritischen Theologie, sondern wahrscheinlich darüber hinaus auch der gesamten Geisteswissenschaften. »Wie jeder sehen kann ...«; »... muß jeder erkennen ...«; »die Folgerung ist unausweichlich ...«; »die Annahme ist zwingend ...«; »es ist nicht zu übersehen, daß ...«; »man muß ...«; »man darf nicht ...«; »man konnte nicht auf halbem Wege stehenbleiben ...« – *wann immer Ihnen derartige Formulierungen begegnen, sehen Sie in der Regel die tönernen Füße des Kolosses Wissenschaft bloß vor Ihren Augen.*

Wer behauptet, die Bibel könne nur mit Methoden der Geschichtswissenschaft verständlich gemacht werden, der ernennt eine von Grund auf antichristlich konzipierte Wissenschaft zum »Haushalter der Geheimnisse Gottes«! Gottes

Wort sagt uns, daß Gott die Geschicke der Völker lenkt; die Geschichtswissenschaft weigert sich von vornherein, Gottes Handeln in der Geschichte auch nur als Möglichkeit in Betracht zu ziehen –, und diese *atheistische, antichristliche Wissenschaft wird von der historisch-kritischen Theologie als der einzig sachgemäße Zugang zu Gottes Wort anerkannt.* Jeder, der als theologisch gebildet gelten will, soll das akzeptieren.

Um einen akademischen Grad in der Gottesgelehrsamkeit zu erhalten, muß ich mich entscheiden, in meinem Denken dem Atheismus Raum zu geben. Fromme Gefühle wird man mir freundlicherweise erlauben, aber mein Denken hat die atheistische Grundsatzentscheidung nachzuvollziehen, und »methodisch« vorzugehen – ut si Deus non daretur. Das ist Perversion!

Sowohl die historisch-kritische Theologie als auch die Geschichtswissenschaft ist auf das *Fundament der Lüge gegründet. Wissenschaft ist demnach nicht das Synonym für* Wahrheit, sondern für Rebellion gegen Gott, welche die Wahrheit in Ungerechtigkeit darniederhält. Was sie an richtigen Einzelerkenntnissen zutage fördert, ist durch das Element der Lüge gebrochen und verzerrt, so wie man einen Löffel durch ein Glas Wasser nur optisch verzerrt erkennen kann.

Kümmel fährt fort:

> »Aus dieser Erkenntnis ergab sich nämlich die unausweichliche Folgerung, daß auch die Darstellung des Gedankengehalts der Bibel, die ›Biblische Theologie‹, nur mit Hilfe geschichtlicher Fragestellung sachgemäß geschehen könne, wenn der Gedankengehalt der Bibel beeinflußt von der Dogmatik und wirklich selbständig erkannt werden sollte.«[2]

Damit unterstellt Kümmel, daß ich nur mit Hilfe der Geschichtswissenschaft den Gedankengehalt der Bihel »unbeeinflußt von der Dogmatik« lesen kann. Anders gesagt, daß ich in dem Falle, daß ich es ablehne, mein Denken durch das Nadelöhr der Geschichtswissenschaft hindurchzuschicken und die Bibel schlicht so lese, wie sie dasteht, von der Dogmatik beeinflußt sei. Er stellt also zur Alternative:

Entweder lese ich die Bibel beeinflußt von der Dogmatik – das ist dann unsachgemäß, und die Bibel wird nicht »wirklich selbständig erkannt«. Oder ich lese die Bibel mit Hilfe geschichtlicher Fragestellung; das ist sachgemäß und führt dazu, daß der Gedankengehalt der Bibel *»wirklich selbständig* erkannt« wird.

Ziel ist das »wirklich selbständige Erkennen«, bei dem der Mensch das Maß aller Dinge ist. Die atheistische Geschichtswissenschaft liefert dafür das »pou stoo«, um mit Gottes Wort umzugehen, ohne sich auf Gottes Wort einzulassen. Bei diesem Zugriff von außen wird die Bibel auf einen »Gedankengehalt« reduziert, und das nennt man dann noch *Theologie* – Reden von Gott! *Die Perversion ist ungeheuerlich. Gottes Offenbarung soll »sachgemäß« und »wirklich selbständig« so erkannt werden, daß von Gott keine Rede mehr ist, daß Gott nicht mehr als Gott geehrt wird, noch Ihm gedankt.* Generation um Generation von Gotteskindern, die bereit und eifrig waren, Gott zu dienen, haben wir »durch's Feuer gehen« lassen und diesem Moloch einer atheistischen Theologie geopfert. Das Ergebnis ist Generation um Generation von verführten Verführern. *Wann werden wir endlich umkehren und uns lossagen von diesem Götzendienst?*

Kümmel setzt seinen Gedankengang fort, indem er aufzeigt, zu welchen Konsequenzen sich die historisch-kritische Theologie genötig sieht, nachdem sie es unternommen hat, »die Bibel als Werk menschlicher Verfasser geschichtlich zu erforschen«:

> »Sobald man aber mit einer solchen geschichtlichen Fragestellung gegenüber den Gedanken der Bibel wirklich ernst machte, wie es um 1800 zuerst geschah, sah man sich nicht nur gezwungen, die Darstellung des Alten und des Neuen Testamentes völlig voneinander zu trennen, sondern auch bei der Schilderung der Gedanken des Neuen Testamentes Jesus und die verschiedenen apostolischen Schriftsteller je für sich zu Wort kommen zu lassen.«[3]

Die Sprache verrät ihn bzw. die historisch-kritische Theologie, als deren Repräsentant Kümmel hier spricht: »sah man sich *gezwungen,* nicht nur ... sondern auch«. Wer sich auf diesen Weg der Gottlosigkeit einläßt, ist also fortan nicht mehr frei in seiner Entscheidung; ein Es oder ein Er ist da, der zwingt. Das ist wahr gesprochen. Dieser Zwang wird nicht ausgeübt durch Regeln der Logik noch durch eingeübte Methoden; das vermag nicht zu zwingen. Es sind *dämonische Mächte,* unter deren Zwang jeder gerät, der sich auf diesen Weg begibt. Er ist fortan nicht mehr frei, sondern unterliegt einem *Bann.*

Kümmel zieht aus dem vorher Gesagten den Schluß:

> »Man konnte eben nicht auf halbem Wege stehenbleiben: Muß die Bibel als Werk menschlicher Verfasser geschichtlich erforscht werden, um ihren wirklichen Sinn zu verstehen, so darf und kann man nicht an der Voraussetzung festhalten, daß das Alte Testament und das Neue Testament in sich je eine gedankliche Einheit bilden; dann muß man auch auf die Unterschiede innerhalb der beiden Testamente achten und auch eine etwaige Entwicklung und Verfälschung der Gedanken in Betracht ziehen. Infolgedessen sah sich die Bemühung um eine Theologie des Neuen Testamentes von Anfang an vor das Problem der Verschiedenheit und Einheitlichkeit im Neuen Testament gestellt.«[4]

Es ist ungeheuerlich, aber es steht wirklich da: »Die Bibel muß als Werk menschlicher Verfasser ... erforscht werden, *um ihren ... Sinn zu verstehen.«* Das wird nicht erst nachgewiesen, sondern von vornherein vorausgesetzt. Das ist nicht die Privatmeinung von Herrn Kümmel, sondern Allgemeingut der historisch-kritischen Theologie, hier nur noch einmal genannt, um die Konsequenzen aufzuzeigen. Konsequenz ist die Atomisierung der Bibel, bei der man Teile in der Hand hat, ohne noch den lebendigen Zusammenhang zu erkennen, und sich schließlich in seiner selbstverschuldeten Hilflosigkeit sogar dazu versteigt, *Verfälschung der Gedanken* in Betracht zu ziehen.

So geht man mit der Heiligen Schrift des Heiligen Gottes um! *So tritt man das Wort unseres Erlösers mit Füßen.* Auf dem Missionsfeld treten dann Moslems den Missionaren mit einer Blütenlese aus den Werken historisch-kritischer Theologen entgegen und stellen sarkastisch fest: Eure Leute sagen ja selber, daß die Bibel nicht stimmt! Wahrlich, Gott ist langmütig und geduldig. Aber irret euch nicht, Er läßt sich nicht spotten. *Das Gericht kommt. Wohl dem, der seine Zuflucht zum Blute Jesu genommen hat!*

Kümmel fährt fort:

> »Die Bemühungen um den theologischen Gehalt des Neuen Testaments als einer selbständigen geschichtlichen Größe stand darum von Anfang an in einer Spannung zu jeder Form von dogmatischer Theologie. Denn die Darstellung der christlichen Lehre als Antwort auf die Frage nach dem Wesen der Offenbarung Gottes in Jesus Christus wird selbstverständlich, von welchen Voraussetzungen sie auch ausgeht und welche Bindungen sie sich auch auferlegt, das Ziel haben müssen, eine einheitliche Lehre vorzutragen, und die Dogmatik muß darum in Schwierigkeiten geraten, wenn sie sich auf das Neue Testament als Grundlage ihrer Aussagen stützen will und die biblische Theologie ihr dazu keine einheitliche Lehre im Neuen Testament aufzuzeigen vermag. Damit stehen wir aber vor dem eigentlichen Problem einer ›Theologie des Neuen Testaments‹.«[5]

An dieser Stelle läßt sich besonders deutlich erkennen, wie gearbeitet wird:

1. Durch die Einführung des Begriffs *Spannung* (steht in Spannung) wird die Fragestellung von vornherein aus dem Bereich der Koordinaten Wahrheit – Lüge herauskatapultiert.

2. Als Bezugsgröße wird die *dogmatische Theologie* eingeführt. D. h., Einwände, welche sich gegen eine derartige Theologie des Neuen Testaments vom Glauben her erheben, werden von vornherein diskriminiert, indem man sie nicht als grundsätzliche In-Frage-Stellung gelten läßt, sondern abschiebt als etwas, das sich aus der Sichtweise einer anderen Fachdisziplin ergibt, die – nicht anders als die eigene – bloß eine menschliche Konzeption darstellt. Diese Art zu argumentieren ist zwar nicht neu, wird aber dadurch keineswegs besser.

3. Die Dogmatik, als Widerpart genommen, wird für den Blickwinkel der Wissenschaft von vornherein disqualifiziert:

Sie geht von Voraussetzungen aus, hat sich Bindungen auferlegt und ist – bei allen zugegebenen möglichen Unterschieden – in solchen Voraussetzungen und Bindungen *einheitlich tendenziös.* Soweit sie der Theologie des Neuen Testaments entgegensteht, wird das als ihre – begreifliche – Tendenz gewertet. Auf diese Weise schottet man sich in der historisch-kritischen Theologie von vornherein gegen unbequeme Fragen ab.

Das oben genannte Problem ist für Kümmel nur eines unter vielen. Er scheut nicht vor der Behauptung zurück: »Denn schon dann, wenn sich der Ausleger zunächst einmal um den Sinn der einzelnen Schriften des Neuen Testaments bemüht ..., steht er im Grunde vor einer unlösbaren Aufgabe« (S. 13). *Damit behauptet der Theologe Kümmel klar und eindeutig, daß Gottes Wort, uns zum Heil gegeben, in seinem Sinn im Grunde nicht zu erkennen sei.*

Eigentlich sollte ein derartiger Bankrott der Auslegung ja wohl dazu führen, daß man das Gesetz, nach dem man angetreten ist, in Frage stellt. Aber Kümmel fährt statt dessen fort:

> »Die im Neuen Testament gesammelten Schriften sind ihrer geschichtlichen Art nach ja Urkunden antiker Religionsgeschichte, in einer toten Sprache und einer uns nicht mehr ohne weiteres verständlichen Begrifflichkeit und Vorstellungswelt geschrieben; sie können darum nur auf dem Wege geschichtlicher Forschung zum Reden gebracht, und es kann nur auf diesem Wege ein Verstehen des von den Verfassern Gemeinten annähernd erreicht werden.«[6]

Es ist *ungeheuerlich!* Das Buch des Neuen Bundes, das von unserer Erlösung handelt – eine Sammlung von Urkunden antiker Religionsgeschichte! »Also hat Gott die Welt geliebt, daß Er seinen eingeborenen Sohn gab, auf daß alle, die an Ihn glauben, nicht verlorengehen« – ein Satz aus einer Urkunde antiker Religionsgeschichte! »Ich bin der Weg, die Wahrheit und das Leben« – das Wort unseres Herrn und Heilandes – *ein Gedankensplitter antiker Religionsgeschichte!* »Es ist in keinem anderen Heil und ist auch kein anderer Name unter den Menschen genannt, darin sie sollen selig werden« – desgleichen Bruchteil einer Urkunde antiker Religionsgeschichte!

»... in einer toten Sprache und einer uns nicht mehr ohne weiteres verständlichen Begrifflichkeit und Vorstellungswelt geschrieben.« – *Hier wird mit aller Gewalt versucht, Gottes Wort in ein historisches »Damals« abzuschieben,* es dem Gebrauch zu entziehen und zu einem Museum zu machen, für das gelegentlich Führungen angeboten werden.

Millionen von Gotteskindern erfahren heute täglich das Neue Testament und darüber hinaus die ganze Bibel als Gottes lebendiges Wort, durch das Gott zu ihnen redet. Ungeachtet solcher weltweiten Erfahrungen wird behauptet: »Die im Neuen Testament gesammelten Schriften ... können ... nur auf dem Wege geschichtlicher Forschung zum Reden gebracht werden.«

Damit wird der Heilige Geist verleugnet und Jesus widersprochen, der gesagt hat: »Ich preise Dich, Vater, Herr des Himmels und der Erde, der Du dieses vor Weisen und Verständigen verborgen hast, und hast es *Unmündigen geoffenbart.* Ja, Vater, denn so war es wohlgefällig vor Dir« (Mt 11,25 f.). Gilt der Weheruf Jesu: *»Wehe aber euch, Schriftgelehrte und Pharisäer,* Heuchler! Denn ihr verschließt das Reich der Himmel vor den Menschen; denn ihr geht nicht hinein, noch laßt ihr die, welche hineingehen wollen, hineingehen« (Mt 23,13) nicht auch für eine solche Theologie?

Halten wir uns dabei immer vor Augen: Wir haben es nicht mit einem »Fall Kümmel« zu tun. Werner Georg Kümmel gilt mit seinen Äußerungen lediglich als ein Exempel, und er ist – was wir nicht vergessen dürfen – noch ein gemäßigter Vertreter dieser weltweit verbreiteten Theologie.

Kümmel läßt uns keineswegs im Zweifel, wie fragwürdig die Ergebnisse der Bemühungen sind, »die Schriften des Neuen Testaments« »auf dem Wege geschichtlicher Forschung zum Reden« zu bringen:

> »Solche Bemühung um wissenschaftliches Verständlichmachen kann ihrem Wesen nach nur zu wahrscheinlichen und oftmals nur zu hypothetischen Resultaten führen, und es bedarf des abwägenden *Urteils,* ob man sich einem erzielten Resultat anschließen oder es durch einen anderen Erklärungsversuch ersetzen will.«[7]

Weil man sich entschieden hatte, daß der »Gedankengehalt der Bibel« »wirklich selbständig erkannt werden sollte«, *löste man die Einheit der Bibel auf und machte keinen Gebrauch mehr davon, daß Gottes Wort sich selber interpretiert. Folgerichtig ist man nunmehr genötigt, anstatt Tatsachen zu erkennen, sich in Unterstellungen zu ergehen,* Hypothese an Hypothese anzuschließen, bis ganze Kartenhäuser von Hypothesen aufgerichtet werden.

Den Ausschlag in der Beurteilung und Einstufung der Hypothesen gibt jeweils ein selbstmächtiges *Ich,* das nach seinem Gutdünken über Gottes Wort entscheidet. *Man erhielt, was man erwählte, das Ich sitzt auf dem Thron.* Wie König Midas nur noch Gold zu fassen bekam und verhungern mußte, weil alles, was er berührte, nach seinem eigenen habsüchtigen Verlangen zu Gold wurde, so ist der Mensch, der sich Gottes Wort gegenüber für seine Selbstmächtigkeit entschieden hat, seinem Selbst ausgeliefert und bekommt wirklich nur noch die Gebilde seines Selbst zu fassen. Für ihn wird Gottes Wort wirklich zu einem toten Buchstaben. *Das ist Gottes Gericht!*

> »Dieselben Schriften des Neuen Testaments sind nun aber von der alten Kirche in einen Kanon heiliger Schriften zusammengeordnet worden, dessen Umfang seit dem Ende des 4. Jahrhunderts nicht mehr ernstlich umstritten war, und haben dadurch den Charakter normativer, für den Glauben des Christen grundlegender Schriften erhalten, denen der Christ glaubenden Gehorsam entgegenbringen müßte. Es ist aber leicht zu sehen, daß es im Grunde unmöglich ist, den Schriften des Neuen Testaments zu gleicher Zeit als urteilend forschender und als gläubig hörender Mensch gegenüberzutreten.«[8]

Das ist wahr! Mir ist nicht bekannt, daß noch ein anderer historisch-kritischer Theologe diesen Sachverhalt mit gleicher Klarheit gesehen hätte. *Spätestens an dieser Stelle müßte die eigene, historisch-kritische Position in Frage gestellt werden. Wenn sie zu solchen Konsequenzen führt, dann muß sie verkehrt sein. Aber das geschieht nicht.* Statt dessen wird zu einem Salto mortale angetreten:

> »Wenn man daher begreiflicherweise immer wieder auf verschiedene Weise versucht hat, diesem Dilemma zu entgehen, so waren und sind doch alle solche Versuche zum Scheitern verurteilt, weil sie dem Sachverhalt nicht entsprechen. Das wissenschaftliche Bemühen um das Verstehen des Neuen Testaments muß, gerade wenn es im Raume der Kirche und von der Voraussetzung des Glaubens aus betrieben wird, der Tatsache Rechnung tragen, daß wir auch zum gläubigen Hören auf die Botschaft des Neuen Testaments nur auf *einem* Wege gelangen *können:* nämlich dadurch, daß wir uns die Aussagen der antiken Verfasser der neutestamentlichen Schriften verständlich zu machen suchen, so wie sie ihre zeitgenössischen Hörer oder Leser verstehen konnten und mußten.«[9]

Es sei Kümmel zugegeben, daß Kompromisse keine tragfähige Basis sind. Das gibt ihm aber keineswegs das Recht zu der bodenlos unbegründeten Behauptung, daß es *Tatsache* sei, daß gläubiges Hören auf die Botschaft des Neuen Testaments nur durch das Hörgerät der historisch-kritischen Theologie geschehen könnte. *Das kleinste und jüngste Gotteskind kann ihn bei dieser unverschämten Behauptung der Lüge überführen.*

Kümmel jedoch stellt anschließend noch einmal die These hin:

> »Es gibt darum keinen andern Zugang zum Verstehen der neutestamentlichen Schriften, als die für *alle* Schriften des Altertums gültige Methode historischer Forschung.«[10]

Die selbstmächtigen Ich-Entscheidungen darüber, welches hypothetische Resultat ich als gelungenen Erklärungsversuch gelten lasse, sollen also der einzige Zugang sein »zum gläubigen Hören auf die Botschaft des Neuen Testaments«. Wohlgemerkt ist nicht vom glaubenden, sondern vom gläubigen Hören die Rede. Gläubig sein ist eine subjektive Eigenschaft; Glaube dagegen hält sich an die objektiv gegebene Zusage.

Kümmel versucht zwar, obwohl man ihm das nach den vorangegangenen Aussagen schwer abnehmen kann, die Wichtigkeit des Glaubens für den Umgang mit der Bibel festzuhalten:

»Es kommt freilich sehr viel darauf an, ob man solche Forschung als Unbeteiligter und in bewußter Distanz oder als innerlich Beteiligter und darum als mit letzter Aufgeschlossenheit Hörender betreibt.«[11]

Aber dennoch bleibt Kümmel dabei, daß es »keinen anderen Zugang gibt zum Verstehen der neutestamentlichen Schriften«. Er fährt fort:

»Sieht sich so derjenige, der nach dem Gedankengehalt und der Anrede einer neutestamentlichen Schrift fragt, vor die Notwendigkeit gestellt, auf dem umständlichen Wege der wissenschaftlichen Erhellung des antiken Textes zu einem persönlichen Hören zu gelangen, so zeigt sich diese Schwierigkeit bei der Bemühung um die Theologie des Neuen Testaments in verstärktem Maße.«[12]

Keinen anderen Zugang – wehe dem, der mit solcher Behauptung vor Gottes Richterstuhl erscheinen muß! Ich bin so dankbar, daß das Blut Jesu meine Verfehlungen abgewaschen hat! Ich war ja nicht besser, eher schlimmer, und habe ebenfalls solche unverantwortlichen Aussagen gemacht. Und wer auch immer sich auf die historisch-kritische Theologie einläßt, wird ebenfalls dahin kommen. Ebensowenig wie *ein bißchen* schwanger kann man ein *bißchen* historisch-kritisch sein.

Anmerkungen

1 Die Theologie des Neuen Testaments nach seinen Hauptzeugen. 1980[4]. Grundrisse zum Neuen Testament. Das Neue Testament Deutsch, Ergänzungsbände Band 3, S. 12.
2 A.a.O., S. 12
3 A.a.O., S. 12
4 A.a.O., S. 12 f.
5 A.a.O., S. 13
6 A.a.O., S. 13
7 A.a.O., S. 13
8 A.a.O., S. 13
9 A.a.O., S. 13 f.
10 A.a.O., S. 14
11 A.a.O., S. 14
12 A.a.O., S. 14

Exkurs: Verführungen

1. Gotteskindern, die davor zurückschrecken, an einer theologischen Fakultät zu studieren, weil sie in ihrem Herzen wissen, daß in der historisch-kritischen Theologie nicht die Stimme des guten Hirten zu hören ist, wird von solchen, die es besser wissen müßten, entgegengehalten: *»Ist denn dein Glaube so klein, daß du dich nicht auf die historisch-kritische Theologie einlassen willst?« Das ist Verführung!*

Gott fordert uns nicht auf, unseren Glauben zu testen. Schon die Vorstellung, daß wir in solcher Weise über unseren Glauben verfügen könnten, ist irrig. Jesus ist der Anfänger und der Vollender des Glaubens (Hebr 12,2), und das Maß unseres Glaubens ist von Gott gegeben (Röm 12,3).

Keiner der Verführer, welche Gotteskinder dazu ermuntern, sich dorthin zu begeben, wo ihre Seelen verdorben werden durch eine auf Langzeit dosierte geistliche Vergiftung, wäre bereit, in gleicher Weise seinen eigenen Leib mit kleinen, aber auf Dauer tödlichen Dosen von Arsen vergiften zu lassen. Er würde sich mitnichten darauf einlassen, unter Berufung auf Markus 16,18 seinen eigenen Glauben und Gottes Bewahrung solchermaßen zu testen!

Möge Gott ihnen Gnade zur Buße schenken, damit sie aufhören, die ihnen anvertrauten Seelen verführerisch zu nötigen, sich in ein Abhängigkeitsverhältnis zu begeben in einem Lehrsystem, das methodisch von der Voraussetzung ausgeht, als gäbe es Gott nicht,und somit atheistisch und antichristlich ist.

Die historisch-kritische Theologie ist Irrlehre. Darüber ist man sich mindestens im Falle Rudolf Bultmann in evangelikalen Kreisen einig. Es gibt aber keine grundsätzlichen, sondern selbst im günstigsten Falle höchstens gradweise Unterschiede zwischen Rudolf Bultmann und den übrigen Vertretern dieser Richtung.[1] Gottes Wort hat uns klare Anweisungen gegeben, wie wir uns Irrlehrern gegenüber zu verhalten haben (2 Jo 10 f.; Röm 16,17; Jud 23; Kol 2,8; 2 Petr 3,17; u. a. m.). Die Befolgung dieser Anweisungen dürfte mit einem Studium der historisch-kritischen Theologie nicht vereinbar sein.

Wenn ich mich ohne Gottes Führung und ohne dazu gezwungen zu sein, in eine Situation begebe, in der ich gegenüber klaren Anweisungen aus Gottes Wort ungehorsam sein muß, kann ich in dieser Situation nicht mit dem sonst verheißenen Schutze Gottes rechnen,sondern ich muß darauf gefaßt sein, daß Er diesen Schutz zum mindesten teilweise zurückzieht. Deshalb ist der Verführung zu widerstehen.

2. Die erste Verführung wird gelegentlich durch eine weitere ergänzt. Es wird auf Beispiele verwiesen, welche zeigen, daß Gott Menschen aus der historisch-kritischen Theologie herausgerettet hat, um dadurch zu beweisen, daß die Gefahr ja so groß nicht sei, wenn jemand diese Theologie studiert.

Es ist wahr: Gott rettet Menschen aus der historisch-kritischen Theologie heraus, Ihm sei Dank dafür. Gott *kann* das! Aber sollen wir uns deshalb in Gefahr begeben? Der *Teufel* sprach zu Jesus, nachdem er ihn auf die Zinne des Tempels gestellt hatte: »Wenn du Gottes Sohn bist, so wirf dich hinab, denn es steht geschrieben: ›Er wird seinen Engeln über dir befehlen, und sie werden dich auf Händen tragen, damit du nicht etwa deinen Fuß an einen Stein stoßest.‹« *Jesus* aber, der gewiß gewußt hat, daß Gott ihn ohne Zweifel bewahren *konnte,* begab sich *nicht* in die Gefahr, sondern antwortete dem Versucher: »Wiederum steht geschrieben: ›Du sollst den Herrn, deinen Gott, nicht versuchen‹« (Mt 4,6 f.).

Ohne klare Führung von Gott sich in das Studium der historisch-kritischen Theologie hineinzubegeben, weil Gott ja bewahren kann, heißt Gott versuchen.

3. Es wird damit argumentiert, daß ein junger Mensch, der Theologie studieren wolle, um Gott zu dienen, ja gezwungen sei, an die Universität zu gehen, zum mindesten dann, wenn er in der Volkskirche dienen wolle.

Hier wird den Fakten mehr vertraut als Gott, der doch die Fakten in der Hand hat und die Umstände verändern kann. Solange die Mehrzahl der Studenten an die Uni geht und das Risiko nicht auf sich nimmt, in der Institution Volkskirche keinen Dienstplatz zubekommen, *läßt* Er diese Umstände vielleicht noch länger zu. Wenn *Seine* Kinder jedoch einsehen würden, daß sie durch das Studium zwar den Dienstplatz bekommen, aber untauglich werden für den Dienst des Herrn, und deshalb einmütig zu Gott schreien würden, daß *Er* das

Ausbildungsmonopol der historisch-kritischen Theologie aufheben möge –, dann wird unser Vater im Himmel gewiß das Schreien Seiner Kinder erhören. *Er* hat uns ja schon jetzt in Seiner Gnade einige bibeltreue Ausbildungsstätten geschenkt, und die Abgänger dieser Institute sind in Seinem Reich nicht arbeitslos geblieben.

4. *Eine weitere Verführung – unter Mißbrauch des Wortes Gottes!* – lautet folgendermaßen: »Paulus wurde den Juden ein Jude und den Griechen ein Grieche; also laßt uns den Historisch-Kritischen ein Historisch-Kritischer werden!«

Gottes Wort wird dabei nur zur Hälfte zitiert, weil es sich nur so für diese Verführung gebrauchen läßt. Man möge jeweils den ganzen Bibelvers beachten:

»Und ich bin den Juden wie ein Jude geworden, damit ich die Juden gewinne; denen, die unter Gesetz sind, wie einer unter Gesetz – obwohl ich selbst nicht unter Gesetz bin –, damit ich die, welche unter Gesetz sind, gewinne; denen, die ohne Gesetz sind, wie einer ohne Gesetz – obwohl ich nicht ohne Gesetz vor Gott bin, sondern unter dem Gesetz Christi –, damit ich die, welche ohne Gesetz sind, gewinne« (1 Kor 9,20 f.).

Paulus wurde wie einer unter dem Gesetz, obwohl er selbst nicht unter dem Gesetz war. Galater 2,1 ff. und Philipper 3,2 sowie Römer Kap. 1-4 zeigen u. a., wie solches Den-Juden-ein-Jude-Werden praktisch aussieht.

Zu einem derartigen Verhalten ist aber der Student in seiner inneren und äußeren Abhängigkeit als Lernender im Regelfall gar nicht in der Lage. Selbst Paulus hat dafür eine lange Zeit der Zubereitung gebraucht. Außerdem ist es gar nicht die Aufgabe eines jeden, der sich auf seinen zukünftigen Dienst als Hirte, Evangelist und Lehrer vorzubereiten hat.

Ohne eine *spezielle* Gnade Gottes, die ihm durch ein besonderes Reden Gottes zugesagt ist, wird der Student den Historisch-Kritischen nicht *wie* ein Historisch-Kritischer; er wird ein Historisch-Kritischer – möglicherweise mit einigen Abstrichen. Aber diese Abstriche wirken sich nicht aus als missionarische Kraft; sie wirken auf die Historisch-Kritischen lediglich als Inkonsequenz, werden belächelt und gegebenenfalls geduldet, wenn nur im übrigen die historisch-kritische Arbeitsweise stimmt.

Paulus wurde »den Juden ein Jude« – nicht im Rabbinat, nicht als Angehöriger des Synhedriums, nicht als ordinierter Rabbi und Mitarbeiter an einer Synagoge –, nicht während seiner Ausbildung, sondern als ein gestandener Christ in Unabhängigkeit, der zwar an jedem Ort seinen Dienst in der Synagoge beginnen, aber jederzeit auch aus ihr herausgehen konnte. Unter dieser Bedingung konnte er den Juden so ein Jude werden, daß er ihnen aufgrund ihrer eigenen Voraussetzungen die Notwendigkeit der Umkehr aufzeigen konnte, die darin besteht, die von Jesus auf Golgatha vollbrachte Erlösung anzunehmen.

5. *Auch das Schriftwort »Alles ist euer«* (1 Kor 3,21) *wird aus dem Zusammenhang gerissen,* um zu belegen: »In der Freiheit des Glaubens an Christus ist die Auseinandersetzung mit jeglichen, auch mit historisch-kritischen Hypothesen möglich. Angsthaltungen sollten überwunden werden.«[2]

Formal lassen sich zwar unter »Welt oder Leben« und unter »Gegenwärtiges« auch historisch-kritische Hypothesen subsumieren. Man darf jedoch den Zusammenhang des Verses nicht außer acht lassen:

»Niemand betrüge sich selbst! Wenn jemand unter euch meint, weise zu sein in dieser Welt, so werde er töricht, damit er weise werde. Denn die Weisheit dieser Welt ist Torheit bei Gott; denn es steht geschrieben: ›Der die Weisen fängt in ihrer List.‹ Und wieder: ›Der Herr kennt die Überlegungen der Weisen, daß sie nichtig sind.‹ So rühme sich denn niemand (im Blick auf) Menschen, denn alles ist euer« (1 Kor 3,18-21).

Historisch-kritische Theologie ist »Weisheit dieser Welt«, und durch Hypothesen wird der Ruf von Wissenschaftlern begründet, so daß man sich ihrer rühmt und sich zu ihrer »Schule« zählt. Wir aber werden ermahnt, »töricht zu werden, damit wir weise werden«, anstatt von der Weisheit dieser Welt in der Freiheit Christi Gebrauch zu machen.

Nebenbei bemerkt: *Auseinandersetzung mit Hypothesen* – sofern sie nicht als ihre Zurückweisung durch Gottes Wort geschieht – *ist nichts anderes, als sich einzulassen auf das Hypothesenspiel.* Solche »Auseinandersetzung« stellt sich von vornherein auf den Boden, auf dem derartige Hypothesen gebildet werden, und hat *den festen Grund des Wortes Gottes bereits verlassen.* Überdies setzt sie solche Hypothesen keineswegs außer Kurs, sondern trägt letztendlich nur zu ihrer Stabilisierung bei.

6. Deshalb ist *auch die Fragestellung verderblich: »Da wollen wir erst einmal sehen: Wie ist es denn nun wirklich?«*

Wenn ich mit dieser Haltung an Gottes Wort herangehe, bin ich schon abgewichen, auch wenn das Ergebnis »positiv« ist. Ich habe mich auf meinen Verstand verlassen und traue mir zu, das Richtige herauszubekommen.

Die angemessene Haltung wäre dagegen: »Mein Vater, ich danke Dir für Dein Wort. Es ist durch und durch wahr. Aber ich habe Probleme. Ich habe mich verunsichern lassen. Als ich in die Enge getrieben wurde, habe ich Deinem Wort mißtraut. Bitte, bring mich zurecht und zeige Du mir durch den Heiligen Geist aus Deinem Wort, wie es sich verhält.«

Die Versuchung besteht darin, als Sieger dastehen zu wollen durch die Kraft meines Intellekts und die Stärke meiner Argumente. Gott hat aber gesagt: »Nicht durch Heer und nicht durch Kraft, sondern durch meinen Geist« (Sach 4,6).

7. *Der Tiefschlag unter den Verführungen ist die Frage: »Willst du denn besser sein ...?«*

Gottes Wort sagt uns (Röm 6,11): »Achtet euch als tot für die Sünde.« Es wird nicht von uns verlangt, uns mit anderen so zu identifizieren, daß wir uns mit ihrer Sünde identifizieren. Ich bin nicht besser als Diebe, Hurer, Ehebrecher und historisch-kritische Theologen. Aber genauso, wie ich dem Ehebruch im Namen Jesu widerstehe, darf ich auch der historisch-kritischen Theologie widerstehen und meinen Heiland anrufen in der Not.

Kleine Handreichung aus dem Worte Gottes

»Alle Worte meines Mundes sind in Gerechtigkeit; es ist nichts Verdrehtes und Verkehrtes in ihnen. Sie alle sind richtig dem Verständigen und gerade denen, die Erkenntnis erlangt haben« (Spr 8,8 f.).

»Die Furcht des Herrn ist der Weisheit Anfang; und die Erkenntnis des Heiligen ist Verstand« (Spr 9,10).

»Der Mund des Gerechten sproßt Weisheit, aber die Zunge der Verkehrtheit wird ausgerottet werden« (Spr 10,31).

»Laß ab, mein Sohn, auf Unterweisung zu hören, die abirren macht von den Worten der Erkenntnis« (Spr 19,27).

»Wer Aufrichtige irreführt auf bösen Weg, wird selbst in seine Grube fallen; aber die Vollkommenen werden Gutes erben« (Spr 28,10).

»Wehe denen, die in ihren Augen weise und bei sich selbst verständig sind!« (Jes 5,21).

»So spricht der Herr: Verflucht ist der Mann, der auf den Menschen vertraut und Fleisch zu seinem Arm macht, und dessen Herz von dem Herrn weicht« (Jer 17,5).

»Wie könnt ihr glauben, die ihr Ehre voneinander nehmt, und die Ehre, die von dem alleinigen Gott ist, nicht sucht?« (Joh 5,44).

»Ich ermahne euch nun, Brüder, durch die Erbarmungen Gottes, eure Leiber darzustellen als ein lebendiges, heiliges, Gott wohlgefälliges Opfer, was euer vernünftiger Gottesdienst ist. Und seid nicht gleichförmig dieser Welt, sondern werdet verwandelt durch die Erneuerung des Sinnes, daß ihr prüfen mögt, was der Wille Gottes ist: das Gute und Wohlgefällige und Vollkommene« (Röm 12,1 f.).

Anmerkungen:

1 Wer daran immer noch Zweifel hat, möge den minutiösen Nachweis studieren in der Schrift von Dr. Ernst Bartels: Beitrag zur Auseinandersetzung mit der Theologie von Landesbischof D. Eduard Lohse, Selbstverlag 1984, zu beziehen beim Verfasser, Breslauer Straße 10, 3429 Bilshausen. Da Lohse noch zu den vergleichsweise gemäßigten Vertretern dieser Richtung zählt, darf der Nachweis als exemplarisch gelten.

2 Name und Fundort des Zitates werden hier nicht genannt, um den Bruder zu schonen.

Die Bibel und der moderne Mensch

Die Bibel ist ein sehr altes Buch, und was alt ist, wird heutzutage nicht mehr als ehrwürdig angesehen. Man redet zwar von Altertumswert, schwelgt in Nostalgie und kauft sich Antiquitäten, aber solche alten Dinge stehen nur zum Bestaunen in den Vitrinen,heben den Besitzerstolz und bedeuten Prestigegewinn, sind jedoch überwiegend nicht zum Gebrauch bestimmt. Was *alt ist, gilt heute im allgemeinen als antiquiert.*

Was zählt, ist modern: die jüngsten technischen Errungenschaften, die neueste wissenschaftliche Erkenntnis, die neuesten Nachrichten, die neue Mode, modernes Wohnen, usw., usw.

Unmodern zu sein, ist zu einem schwerwiegenden Vorwurf geworden. Man versteht sich als »moderner Mensch«.

1. Aber wie modern ist der moderne Mensch?

Beim Einräumen meiner Bücher nach dem Umzug hielt ich ein Buch in der Hand mit dem Titel: »Moderne Predigtlehre«. Dieses Buch ist Anfang der zwanziger Jahre erschienen. Heutzutage würde niemand ein Produkt aus den zwanziger Jahren als modern ansehen. Das sind inzwischen alles »Oldtimer« geworden. Der moderne Mensch von 1920 ist inzwischen gestrig, und der moderne Mensch nach der Französischen Revolution, der die Göttin Vernunft auf den Thron gesetzt und in den Kathedralen angebetet hat, ist inzwischen längst vorgestrig geworden.

Demnach scheint *der moderne Mensch eine sehr relative Größe zu sein. Wir wollen aber nicht versäumen zu fragen, ob es nicht dennoch Merkmale gibt, die den Menschen früherer Zeitalter von dem jetzigen unterscheiden.*

Meine theologischen Lehrer pflegten den Menschen des Neuen Testaments (und natürlich erst recht den des Alten) als den mythischen Menschen anzusehen und ihn damit vom Menschen der Moderne, dem Menschen des Logos, zu unterscheiden. Aber bei näherem Hinsehen ist *dieser sogenannte mythische Mensch* von den heutigen Menschen gar nicht wesentlich verschieden. Gewiß zog er Wunder in Betracht; aber dennoch waren Wunder für ihn keineswegs das Normale, sondern versetzten ihn in Erstaunen und Erschrecken. *Normalerweise rechnete er mit den Naturgesetzen:*

Die Angestellten des Jairus sagen ihrem Arbeitgeber: »Deine Tochter ist gestorben, was bemühst du weiter den Meister« (Mk 5,35).

Jesus wird von den Klageweibern ausgelacht, als er am Totenbett des Mädchens zu ihnen sagt: »Was lärmt und weint ihr? Das Kind ist nicht gestorben, sondern es schläft« (Mk 5,39). Denn sie waren von Berufs wegen sehr wohl in der Lage, die Merkmale des Todes zu erkennen.

Als Jesus den Befehl gibt, den Stein von der Grabhöhle des Lazarus zu entfernen, »spricht zu ihm Martha, die Schwester des Verstorbenen: Herr, er stinkt schon, denn er hat vier Tage gelegen« (Joh 11,39).

Die Wunder der Totenauferweckungen, die Jesus wirkte, geschahen vor Menschen, die mit den Gesetzmäßigkeiten des Sterbens durchaus vertraut waren. Natürlich konnten sie den eingetretenen Tod noch nicht an Instrumenten ablesen, welche die wesentlichen Körperfunktionen darstellen. Aber wenn das die Voraussetzung dafür wäre, ein moderner Mensch zu sein, dann wären nur die Techniker moderne Menschen, die solche Geräte herstellen, und die Ärzte und Krankenschwestern, die mit ihnen umgehen; Sie und ich wären es nicht.

Die Menschen zur Zeit Jesu waren auch in der Lage, aufgrund von Beobachtungen Wettervorhersagen zu machen. Jesus setzte das voraus, als er zum Volk sprach: »Wenn ihr eine Wolke von Westen aufgehen seht, so sprecht ihr alsbald, ›es kommt Regen‹. Und es geschieht also. Und wenn ihr den Südwind wehen seht, so sprecht ihr: ›es wird heiß werden‹. Und es geschieht also« (Lk 12,54 f.).

Gewiß hatten die Menschen damals keine Wettersatelliten und sonstige Meßgeräte für die Wettervorhersage. Aber wenn ein solches Instrumentarium die Voraussetzung dafür wäre, ein moderner Mensch zu sein, dann wären zwar die Meteorologen moderne Menschen, aber Sie und ich wären es nicht, denn mit unserem Barometer können wir da wohl nicht mitreden.

Der Mensch der Bibel ist auch durchaus in der Lage, wirtschaftlich zu denken: Im Blick auf die bevorstehenden sieben

Hungerjahre nach den vorher zu erwartenden sieben reichen Erntejahren gibt Josef den Rat: »Nun sehe der Pharao nach einem verständigen und weisen Mann, den er über Ägyptenland setze, und sorge dafür, daß er Amtsleute verordne im Lande und nehme den Fünften in Ägyptenland in den sieben reichen Jahren und lasse sie sammeln den ganzen Ertrag in den guten Jahren, die kommen werden, daß sie Getreide aufschütten in des Pharao Kornhäuser zum Vorrat in den Städten und es verwahren, damit für Nahrung gesorgt sei für das Land in den sieben Jahren des Hungers, die über Ägyptenland kommen werden, und das Land nicht vor Hunger verderbe« (1 Mo 41,33-36).

Traktoren und Mähdrescher kannte man damals nicht; das ist wahr. Aber ich frage mich, wie viele von Ihnen so etwas konstruieren oder damit umzugehen vermögen. *Sollte die Technik wirklich für die Modernität entscheidend sein?*

Auch ein Papua in Neuguinea, der heute noch so lebt, wie wir uns das Leben der Steinzeitmenschen vorstellen, wird in der Regel ziemlich bald den Zusammenhang zwischen dem Lichtschalter und dem Licht in der elektrischen Glühbirne erfassen. Unzählige, nach allgemeinem Urteil zweifellos »moderne« Menschen in unseren Breiten haben von der Technik auch nicht viel mehr als ein solches Schalterverständnis.

Der Landsmann des genannten Papuas in Djakarta entwirft vielleicht in seinem Konstruktionsbüro die modernste Reispflanzmaschine. Aber in seinem Neubauhaus in einem modernen Viertel der Stadt hat er seine Djimats in Gebrauch, mit denen er an Dämonen gebunden ist. Ist das ein »moderner Mensch«?

Das ist Indonesien. Aber wie steht es in Europa und Nordamerika? Jede Wohnung ist ausgestattet mit den modernsten elektrischen und elektronischen Geräten. In Büros und Fabriken wird mit den modernsten Maschinen gearbeitet. Was einige Jahre alt ist, wird im buchstäblichen Sinne zum »alten Eisen« geworfen.

Als Auto fährt man, wenn man es erschwingen kann, das neueste Modell. Sofern man sich bewußt einen »Oldtimer« zulegt, ist man dabei auch nur einer neueren Mode gefolgt.

Wenn es danach geht, sind wir wirklich modern. Moderne

Literatur und moderne Kunst werden bis in die Grundschule hinein verbreitet. Man führt eine moderne Ehe und denkt modern in allen Lebensbereichen.

Zur gleichen Zeit aber ist der älteste Aberglaube noch lebendig: Man »klopft an Holz« und sagt »toi, toi, toi«, was nichts anderes als »Teufel, Teufel, Teufel« bedeutet. Man wünscht sich »Hals- und Beinbruch«, hält sich den Daumen und beachtet den »Montag, der nicht wochenalt« wird. Bei Jahresbeginn werden wie im alten China die bösen Geister durch ein gewaltiges Feuerwerk vertrieben, und die Katze, die ihm in verkehrter Richtung über den Weg gelaufen ist, hat schon manchem Menschen den ganzen Tag verdorben.

Aber nicht nur alter Aberglaube ist weiter im Schwange, *der neue Aberglaube hat überhand genommen und ist vorherrschend geworden in eben dem Maße, wie man den Glauben an unseren Herrn und Heiland Jesus Christus verleugnet hat.*

- Der sogenannte »moderne Mensch« beschäftigt sich mit Horoskopen und geht zur Wahrsagerin. Selbst das bescheidenste Anzeigenblättchen auf dem Lande, das jedermann frei Haus geliefert wird, bietet per Inserat Dienste von Astrologen und Wahrsagern an.
- Große Illustrierte boten schon vor Jahren per Inserat Glück und Gesundheit versprechende Amulette zum Verkauf an.
- Okkulte Praktiken, Tischrücken u. ä. sind zu Gesellschaftsspielen geworden.
- Das okkulte Nerokreuz, das satanische Gegenbild des Kreuzes, an dem unser Herr Jesus Christus die Sünde der ganzen Welt getragen hat, wird als Zeichen des Kampfes gegen atomare Aufrüstung und als Friedenssymbol an die Wände gepinselt.
- In der transzendentalen Meditation meditieren diejenigen, welche das Mantra empfangen haben, wissentlich oder unwissentlich, über Verse, die zu Ehren hinduistischer Gottheiten geschrieben wurden.
- Magische Praktiken werden in unserem Kulturkreis heutzutage sogar planmäßig verbreitet.
- Mehr und mehr greift selbst der unverhüllte Satanskult Raum.

Ist ein Unternehmer, der eine vollelektronische Fabrikanlage besitzt und sich in transzendentaler Meditation »entspannt«, ein »moderner Mensch«?

Ist der rasante junge Sportwagenfahrer mit dem Amulett um den Hals und/oder der Christophorusplakette am Handgelenk ein »moderner Mensch«?

Ist der Politiker, der sich vor schwerwiegenden Entscheidungen von einer renommierten Wahrsagerin beraten läßt, ein »moderner Mensch«?

Ist der Revoluzzertyp, der mit Farbtopf und Sprühpistole okkulte Zeichen an die Wände schmiert, ein »moderner Mensch«?

Wie steht es dann aber mit den durch die theologische Aufklärung inzwischen eingebürgerten Redensarten:

- »Ein moderner Mensch kann die Lehre von der stellvertretenden Genugtuung durch den Tod Jesu Christi nicht verstehen.«
- »Man kann dem modernen Menschen, der den elektrischen Lichtschalter bedient, unmöglich zumuten, an Engel oder an Dämonen zu glauben.« (Um Mißverständnissen vorzubeugen: Christen *glauben* nicht an Engel oder Dämonen, sondern an Gott, den Vater, den Sohn und den Heiligen Geist. Aber sie wissen aus Gottes Wort, daß es Engel und Dämonen gibt.)

Wie steht es mit der Behauptung: »Die Normen der Bibel gelten nicht mehr für den modernen Menschen«?

Was haben wir von dem vielfältigen Gerede zu halten in der Art: »Ein moderner Mensch kann unmöglich ...«, wobei unterstellt wird, daß einer, der heute lebt und es trotzdem tut, kein »moderner Mensch« ist, sondern ein »ewig gestriger«, der es ja, bei genügender Aufklärung und dem nötigen Gruppendruck vielleicht doch noch lernen wird?

Angesichts der Relativität des Begriffes »modern« bzw. »moderner Mensch« erweisen sich die oben zitierten theologischen Redensarten mit ihrer Vermischung von Relativen und Absoluten als ungegründete Schlagworte mit demagogischem Charakter.

2. *Der moderne Mensch will von der Bibel angeblich nichts wissen. Weiß denn die Bibel etwas von dem modernen Menschen?*

Die relative Modernität, in der das, was heute modern ist, morgen schon als gestrig und übermorgen als vorgestrig gilt, wird in der Bibel als das genommen, was es ist, als »Haschen nach Wind« (Pred 1,14), und das Urteil darüber steht im Prediger Salomonis: »Es gibt nichts Neues unter der Sonne« (Pred 1,9).

Gottes Wort redet aber auch über den modernen Menschen, der den »modernen Menschen« von 1525, 1789, 1848, 1918, 1945, 1984 usw. überholt. Es redet nämlich *über den Menschen in den letzten Tagen,* bevor Gottes gewaltige Endgerichte über diese Erde gehen werden, und danach unser Herr Jesus, der Menschensohn, als Richter auf ihr erscheint. Über diesen Menschen der letzten Tage sagt Gottes Wort zweierlei:

Zum ersten: Dieser Mensch lebt grundsätzlich nicht anders, als die Menschen vor ihm gelebt haben. Was für ihn das Leben ausmacht, ist das Gleiche geblieben:

- »Denn wie sie waren in den Tagen vor der Sintflut – sie aßen, sie tranken, sie freiten und ließcn sich freien bis an den Tag, da Noah in die Arche hineinging, und sie achteten es nicht, bis die Sintflut kam, und nahm sie alle dahin –, so wird auch das Kommen des Menschensohnes sein« (Mt 24,37-39).
- »Desgleichen, wie es geschah zu den Zeiten Lots: sie aßen, sie tranken, sie kauften, sie verkauften, sie pflanzten, sie bauten; an dem Tag aber, als Lot aus Sodom ging, da regnete es Feuer und Schwefel vom Himmel und brachte sie alle um. Auf diese Weise wird's auch gehen an dem Tage, an dem des Menschen Sohn wird offenbar werden« (Lk 17,28-30).

Der unüberholbar moderne Mensch, der Mensch der letzten Tage, lebt wie die vielen Generationen vor ihm gelebt haben: Er ißt, trinkt, heiratet, kauft, verkauft, pflanzt und baut. Dieses »normale« menschliche Leben, das an sich nicht verkehrt ist, erweist sich in seiner Blindheit gegenüber den Zeichen der Zeit als verhängnisvoll. *Es ist das Leben, das sich mit dem Natürlichen begnügt und nicht nach Gott fragt. Dieses Leben steht unter Gottes Gericht:*

»Denn Gottes Zorn vom Himmel her ist offenbart über alles

gottlose Wesen und Ungerechtigkeit der Menschen, die die Wahrheit in Ungerechtigkeit gefangen halten. Denn was man von Gott erkennen kann, ist unter ihnen offenbar; Gott hat es ihnen offenbart. Denn Gottes unsichtbares Wesen, das ist seine ewige Kraft und Gottheit, wird ersehen seit der Schöpfung der Welt und wahrgenommen in seinen Werken, so daß sie keine Entschuldigung haben. Sie wußten, daß ein Gott ist, und haben ihn nicht gepriesen als einen Gott noch ihm gedankt, sondern haben ihre Gedanken dem Nichtigen zugewandt und ihr unverständiges Herz ist verfinstert ... Darum hat sie auch Gott dahingegeben in ihrer Herzen Gelüste, in Unreinigkeit, zu schänden ihre eigenen Leiber an sich selbst, sie, die Gottes Wahrheit verwandelt haben in Lüge und haben geehrt und gedient dem Geschöpf statt dem Schöpfer, der da gelobt ist in Ewigkeit Amen ... Und gleichwie sie es für nichts geachtet haben, daß sie Gott erkannten, hat sie auch Gott dahingegeben in verworfenem Sinn, zu tun, was nicht taugt« (Röm 1,18-21. 24f. 28).

Zum zweiten zeichnet Gottes Wort von dem Menschen der letzten Tage, dem unüberholbar modernen Menschen, ein deutliches Porträt, in dem jene besonderen Züge hervorgehoben sind, die ihn von den früheren Geschlechtern unterscheiden:

»Das sollst du aber wissen, daß in den letzten Tagen greuliche Zeiten kommen werden. Denn es werden die Menschen viel von sich halten, geldgierig sein, ruhmredig, hoffärtig, Lästerer, den Eltern ungehorsam, undankbar, gottlos, lieblos, unversöhnlich, Verleumder, zuchtlos, wild, ungütig, Verräter, Frevler, aufgeblasen, die die Lüste mehr lieben als Gott, die da haben den Schein eines gottesfürchtigen Wesens, aber seine Kraft verleugnen sie; solche meide. Zu diesen gehören, die hin und her in die Häuser schleichen und umgarnen die losen Weiber, die mit Sünden beladen sind und von mancherlei Lüsten umgetrieben, immerdar lernen und nimmer zur Erkenntnis der Wahrheit kommen. Gleicherweise wie Jannes und Jambres dem Mose widerstanden, so widerstehen auch diese der Wahrheit: Menschen mit zerrütteten Sinnen, untüchtig zum Glauben« (2 Tim 3,1-8).

Ist Ihnen auch die Porträtähnlichkeit mit dem heutigen Men-

schen aufgefallen? Es lohnt sich, diese Bibelstelle aufgeschlagen neben die Tageszeitung zu legen und zu vergleichen!

Bei diesem Menschen der Endzeit hat der Geist des Widerchrists Raum gewonnen, der in Gottes Wort klar gekennzeichnet wird:

»Wer ist ein Lügner, wenn nicht, der da leugnet, daß Jesus der Christus sei? Das ist der Widerchrist, der den Vater und den Sohn leugnet« (1 Joh 2,22).

»Ihr Lieben, glaubet nicht einem jeglichen Geist, sondern prüfet die Geister, ob sie von Gott sind; denn es sind viele falsche Propheten ausgegangen in die Welt. Daran sollt ihr den Geist Gottes erkennen: ein jeglicher Geist, der da bekennt daß Jesus Christus ist im Fleisch gekommen, der ist von Gott, und ein jeglicher Geist, der Jesus nicht bekennt, der ist nicht von Gott. Und das ist der Geist des Widerchrists, von welchem ihr habt gehört, daß er kommen werde, und ist jetzt schon in der Welt« (1 Joh 4,1-3).

»Wir haben gesehen und bezeugen, daß der Vater den Sohn gesandt hat als Heiland der Welt« (1 Joh 4,14). Das ist das Bekenntnis des Glaubens. Aber dieses Bekenntnis ist rar geworden in Kirche und Theologie, und wo es noch sonntäglich gesprochen wird, ist es weithin zu einem Lippenbekenntnis geworden, bei dem jeder das, was er meint, von dem, was er sagt, unterscheidet.

Gottes Wort hat vorhergesagt, wie die Theologie des modernen Menschen, des Menschen der letzten Tage, aussehen wird:

- »Es waren aber auch falsche Propheten unter dem Volk, wie auch unter euch falsche Lehrer sein werden, die verderbliche Lehrmeinungen heimlich einführen werden, indem sie den Gebieter, der sie erkauft hat, verleugnen und sich selbst schnelles Verderben zuziehen. Und viele werden ihren Ausschweifungen nachfolgen, um derentwillen der Weg der Wahrheit verlästert wird. Und aus Habsucht werden sie euch mit betrügerischen Worten kaufen, denen das Gericht von Alters her nicht zögert, und ihr Verderben schlummert nicht« (2 Petr 2,1-3).
- »Denn gewisse Menschen haben sich heimlich eingeschlichen, die längst zu diesem Gericht vorher aufgezeichnet sind, Gottlose, welche die Gnade unseres Gottes in Aus-

schweifung verkehren und den alleinigen Gebieter und unseren Herrn Jesus Christus verleugnen... Diese sind Murrende, die mit dem Schicksal hadern und nach ihren Begierden wandeln, und ihr Mund redet stolze Worte, obwohl sie des Vorteils halber Personen bewundern. Ihr aber, Geliebte, gedenkt der von den Aposteln unseres Herrn Jesus Christus vorausgesagten Worte. Denn sie sagten euch, daß am Ende der Zeit Spötter sein werden, die nach ihren Begierden der Gottlosigkeit wandeln. Diese sind es, die Trennungen verursachen, irdisch Gesinnte, die den Geist nicht haben« (Jud 4,16-19).

- »... dies wißt, daß in den letzten Tagen Spötter mit Spötterei kommen werden, die nach ihren eigenen Begierden wandeln und sagen: Wo ist die Verheißung seiner (d. h. des Herrn) Ankunft? Denn seitdem die Väter entschlafen sind, bleibt alles so von Anfang der Schöpfung an« (2 Petr 3,3 f.).

Gott kennt den *»modernen Menschen«*. Er hat ihn längst durchschaut. Das nach dem Gerede vieler antiquierte Bibelbuch hat als Gottes Wort längst offenbar gemacht, wie es um den modernsten aller modernen Menschen steht, um den Menschen der Endzeit. Er ist vor Gott offenbar und kann in der Bibel nachlesen, wie Gott über ihn denkt!

Kommt uns in dieser Situation ein Schrecken an? Müssen wir mit Psalm 139 bekennen:

> Herr, du erforschest mich, und kennest mich.
> Ich sitze oder stehe auf, so weißt du es;
> du verstehst meine Gedanken von ferne.
> Ich gehe oder liege, so bist du um mich
> und siehst alle meine Wege.
> Denn siehe, es ist kein Wort auf meiner Zunge,
> das du, Herr, nicht schon wüßtest.
> Von allen Seiten umgibst du mich
> und hältst deine Hand über mir.
> Diese Erkenntnis ist mir zu wunderbar und hoch,
> ich kann sie nicht begreifen.
> Wohin soll ich gehen vor deinem Geist,
> und wohin soll ich fliehen vor deinem Angesicht?
> (Psalm 139,1-7)

Es gibt einen Zufluchtsort, an dem wir uns bergen können vor Gottes Zorn, der zu Recht über unsere Sünde ergeht: Das ist unser Heiland Jesus Christus, und sein Werk von Golgatha.

Laßt uns heute zu ihm gehen. »Heute, so ihr seine Stimme hört, so verstocket euer Herz nicht!« (Ps 95,7 f.)

Für die Sünde unserer Gottlosigkeit, und für die zahlreichen Sünden, die daraus gekommen sind, ist Jesus Christus ans Kreuz gegangen. An unserer Stelle hat er dort gehangen. An unserer Stelle hat ihn der Zorn unseres Schöpfers dort getroffen. »Die Strafe lag auf Ihm, auf daß wir Frieden haben« (Jes 53,5). Gott selber hat seinen geliebten Sohn als Opferlamm für uns gegeben: »So sehr hat Gott die Welt geliebt, daß er seinen einzig geborenen Sohn gab, auf daß alle, die an ihn glauben, nicht verlorengehen, sondern das ewige Leben haben« (Joh 3,16).

Ewiges Leben, das ist nicht nur »Leben nach dem Tode«. Es ist das kostbare, wunderbare, sinnvolle und erfüllte Leben, das Gott denen gibt, die den Weg der Nachfolge Jesu gehen. Es ist Leben in Ewigkeit, das einmündet in die ewige Herrlichkeit und Freude vor Gottes Angesicht.

Wer Jesus in sein Leben aufnimmt, dem gibt Gott der Vater Vollmacht, sein Kind zu sein (Joh 1,12). *Können wir überhaupt erfassen, was es heißt, Kinder dessen zu sein, der Himmel und Erde geschaffen hat? Noch ist die Herrlichkeit verborgen, die das bedeutet. Aber eines Tages wird sie offenbar werden.*

Laß dich versöhnen mit Gott, der das alles für dich bereit hält. Nimm seine größte Gabe heute an: seinen lieben Sohn, dahingegeben um unserer Sünde willen und auferweckt um unserer Gerechtigkeit willen (Röm 4,2). Mit ihm will Gott uns alles schenken (Röm 8,32).

Eines sollst du aber wissen: Wenn Jesus dein Heiland wird, dann will er auch dein Herr sein. Er will dein Leben regieren. Nur so kann er aus deinem Leben etwas Gutes machen – zum Lobe seiner Herrlichkeit. Du sollst nicht länger beherrscht werden durch Süchte, Sünden und Begierden und durch Todesfurcht ein Leben lang versklavt sein. Du sollst geführt und geleitet werden von dem Guten Hirten, der dich liebt.

Gottes Wort

1. Das Wort Gottes ist inspiriert.

a) Wir haben darüber zwei direkte Zeugnisse in der Heiligen Schrift.

Das erste finden wir in *2. Timotheus 3,16 f.:* »Die gesamte Schrift ist von Gott eingegeben und nütze zur Lehre, zur Überführung, zur Zurechtweisung, zur Unterweisung in der Gerechtigkeit, damit der Mensch Gottes vollkommen sei, zu jedem guten Werk völlig zugerüstet.«

Das zweite Zeugnis steht in *2. Petrus 1,19-21:* »Und so besitzen wir das prophetische Wort um so fester, und ihr tut gut, darauf zu achten als auf eine Lampe, die an einem dunklen Ort leuchtet, bis der Tag anbricht und der Morgenstern in euren Herzen aufgeht, indem ihr dies zuerst wißt, daß keine Weissagung der Schrift aus eigener Deutung geschieht. Denn niemals wurde eine Weissagung durch den Willen eines Menschen hervorgebracht, sondern von Gott her redeten Menschen, getrieben vom Heiligen Geist.«

Diese beiden Zeugnisse drücken nicht bloß aus, »daß Gottes Geist, Gottes Weisheit in diese Schriften eingegangen sind«[1]. Sie beschränken sich auch nicht auf die Feststellung, daß die Verfasser der Schrift die Erfahrung von Römer 8,14 gemacht haben und deshalb der Geist Gottes ihnen wie im allgemeinen, so »auch beim Abfassen der neutestamentlichen Schriften [...] beigestanden und geholfen hat«[2]. Theopneustos, 2. Timotheus 3,16, heißt nicht: »den Geist Gottes atmend«[3], sondern »von Gott eingehaucht«. Das ist ein gewaltiger Unterschied. Es besagt, daß Gott der Urheber der Schrift ist.

Die biblischen Verfasser wurden nicht »zu fehl- und irrtumslosen Menschen«, auch nicht »für die Zeit der Abfassung ihrer Schriften«[4], sondern *»sie redeten von Gott her,* getrieben durch den Heiligen Geist«.

Gottes Wort selbst bezeugt klar Gott Heiligen Geist als Urheber der Schrift. Die Inspiration der Schrift ist durch die Schrift selbst bezeugt. Die Inspirationslehre ist deshalb keine »unnötige Schutzmauer um die Bibel«[5], sondern die lehrmäßige Zusammenfassung dessen, was Gottes Wort von sich selber sagt.

Das ist nicht »Römer 8,14 und verwandten Stellen« zu entnehmen[6], sondern in erster Linie 2. Timotheus 3,16 f. und 2. Petrus 1,19-21. Dort wird »eine besondere Geistesleitung für die Niederschrift der biblischen Bücher«[7] ausdrücklich bezeugt. Deshalb setzt man sich in Widerspruch zur Heiligen Schrift, wenn man diese Annahme für »unnötig und biblisch-theologisch bedenklich« erklärt.[8]

b) Das Selbstzeugnis der Heiligen Schrift bezeugt die Inspiration gleicherweise als Verbalinspiration und als Personalinspiration.

Das Zeugnis für die Verbalinspiration ist 2. Timotheus 3,16 f. Diese Stelle sieht auf das *Ergebnis* der Inspiration: »Die *gesamte* Schrift ist von Gott eingegeben und nütze zur Lehre, zur Überführung, zur Zurechtweisung, zur Unterweisung in der Gerechtigkeit...« D. h.: Es ist nichts ausgenommen, es gibt keine Worte in der Schrift, für welche die Inspiration nicht gilt.

Das Zeugnis für die Personalinspiration finden wir in 2. Petrus 1,19-21. Es hat die *Weise* der Inspiration im Blick: »Von Gott her redeten Menschen, getrieben vom Heiligen Geist.« D. h.: Es geschah durch die Leitung des Heiligen Geistes von innen, nicht nach mechanischem Diktat.

Die Verbalinspiration ist also keine Idee, welche im 16. Jahrhundert aufkam. Sie wird von der Heiligen Schrift bezeugt und dementsprechend auch von den Kirchenvätern vertreten. Personalinspiration und Verbalinspiration sind keine konkurrierenden Lehrmeinungen, zwischen denen wir die Wahl treffen können, sondern sind lediglich zwei Sichtweisen ein und desselben Sachverhaltes, die Gottes Wort uns vermittelt.

Von der Verbalinspiration ist die im 16. Jahrhundert aufgekommene *Diktattheorie* zu unterscheiden. Sie ist ein mißglückter menschlicher Versuch, die Verbalinspiration zu erklären.

Rechte Lehre von der Personalinspiration steht zwar im Gegensatz zur Diktattheorie, aber nicht im Gegensatz zur Verbalinspiration. Wenn sie sich zur Verbalinspiration in Gegensatz stellt, dann hat sie aufgehört, Inspirationslehre zu sein und ist nicht mehr schriftgemäß.

c) Treue gegenüber Gottes Wort verbietet auch die Behauptung: »Die Schrift ›ist‹ also nicht Gottes Wort, denn Gottes Wort ist ewig, die Schrift ist zeitlich.«[9] Durch seine Inspiration hat Gott das von Menschen geredete und geschriebene Wort der Zeitlichkeit entnommen.

Über die beiden Hauptzeugnisse hinaus finden wir nahezu auf jeder Seite der Bibel das Selbstzeugnis, Gottes Wort bzw. Heilige Schrift zu sein. Wenn wir diesem Selbstzeugnis der Bibel keinen Glauben schenken, setzen wir uns nicht nur in Widerspruch zu Gottes Wort, sondern erklären damit zugleich Gott selber, den Urheber der Schrift, zum Lügner. Wir widerstehen damit auch dem, der das Wort selber ist (Joh 1,1 ff.) und »treu und wahrhaftig« heißt (Offb 19,11). Er ist »der Weg, die Wahrheit und das Leben« (Joh 14,6). An Ihm entscheidet sich darum auch, was Wahrheit ist: »Wer aus der Wahrheit ist, der höret meine Stimme« (Joh 18,37).

Sollte ich ein Professor, ein Pastor, ein Superintendent oder ein Bischof sein und Gott keinen Glauben schenken? Kann ich Ihm denn dienen, wenn ich Ihm nicht glaube, was Er sagt? Ich behandle ihn dann wie einen Vater, dem ich auf Schritt und Tritt zeige: Du bist alt, ich habe keinen Respekt mehr vor dir, dein Wort gilt mir nichts.

Gott ist unser Schöpfer, und wir leben von Seiner Gnade, daß Er Jesus für uns dahingegeben hat. Wer da meint, er könne sich solche Respektlosigkeit gegenüber Seinem Wort herausnehmen, der sei gewarnt: »Irret euch nicht, Gott läßt sich nicht spotten« (Gal 6,7).

Vielleicht sind hier Menschen, denen jetzt die Augen aufgegangen sind. Sie haben nicht gewußt, was sie taten. Sie sind mit Gottes Wort umgegangen, wie sie es gelernt haben. Für sie ist heute ein guter Tag. Sie können umkehren von ihren verkehrten Wegen. Gott ist barmherzig und gnädig und wartet darauf, jeden, der umkehrt, in Seine Vaterarme zu schließen. Er vergibt ihm gern um Jesu willen.

d) *Die historisch-kritische Theologie sagt: Wir können die Bibel nicht als Heilige Schrift betrachten, sondern höchstens als ein Buch, das den Anspruch erhebt, Heilige Schrift zu sein.* Es gibt andere Bücher, welche den gleichen Anspruch erheben:

den Koran, die Veden und andere mehr. Laßt uns deshalb von diesem Anspruch absehen und an die Bibel herangehen wie an jedes andere Buch.

Es stimmt, daß es auch andere Bücher gibt, die den Anspruch erheben, Heilige Schrift zu sein. Sollen wir deshalb die Bibel als eine Schrift unter vielen ansehen? Sollen wir sie vergleichen mit den Veden oder dem Koran, um zu sehen, ob sie nicht vielleicht hier und da noch ein wenig besser ist?

Das tut die historisch-kritische Theologie. Aber sie ist damit auf einem verkehrten Weg. So, wie die Götter aller Völker »Nichtse« sind (1 Chr 16,26; Ps 96,5; Ps 97,7; Jer 2,11; Jer 5,7), so sind auch die heiligen Bücher anderer Religionen, welche den Anspruch auf Offenbarung erheben, nichts. Ich weiß, unsere gute Erziehung zur Toleranz lehnt sich gegen diesen Gedanken auf. Wir möchten das für ehrwürdig halten, was anderen Menschen, die wir achten, lieben und schätzen, heilig ist. Aber der Satz ist dennoch wahr. Wenn nach Gottes Wort die Götter aller Völker »Nichtse« sind, dann sind zwangsläufig auch ihre heiligen Bücher, welche den Anspruch auf Offenbarung erheben, nichts, denn sie offenbaren nicht den einen wahren Gott, der nicht nur Schöpfer Himmels und der Erden, sondern auch der Vater unseres Herrn Jesus Christus ist und mit Ihm und dem Heiligen Geist ein Gott, und sie können nicht den Weg zur Rettung weisen.

Wenn wir uns auf die Ebene herunterziehen lassen, auf der man solche »Heiligen Schriften« miteinander vergleicht, um dann vielleicht der Bibel einen relativen Vorrang zuzubilligen, dann machen wir uns des *Götzendienstes* schuldig. *Laßt uns aus Gottes Wort lernen, wie gewaltig unser Gott ist und wie erbärmlich und töricht solch ein Götzendienst.*

Gottes Wort beschreibt uns in Jesaja 40,12-17 unseren Gott:

»Wer hat die Wasser gemessen mit seiner hohlen Hand und die Himmel abgegrenzt mit der Spanne, und hat den Staub der Erde in ein Maß gefaßt, und die Berge mit der Waage gewogen und die Hügel mit Waagschalen? Wer hat den Geist des Herrn gelenkt und wer, als sein Ratgeber, ihn unterwiesen? Mit wem beriet er sich, daß er ihm Verstand gegeben und ihn belehrt hätte über den Pfad des Rechts, und ihn Erkenntnis gelehrt und ihm den Weg der Einsicht kundgemacht hätte? Siehe, Nationen sind geachtet wie ein Tropfen am Eimer und wie ein Sandkorn auf der Waagschale. Siehe, Inseln sind wie ein Stäubchen, das emporschwebt. Und der Libanon reicht nicht hin zum Brennholz, und sein Wild reicht nicht hin zum Brandopfer. Alle Nationen sind wie nichts vor ihm, und werden von ihm geachtet wie Nichtigkeit und Leere.«

An der gleichen Stelle führt uns Gottes Wort *die Torheit des Götzendienstes* vor Augen: Da werden »Götter« angebetet, die sich der Mensch selber gemacht hat: »Und wem wollt ihr Gott vergleichen und was für ein Gleichnis wollt ihr ihm an die Seite stellen? Hat der Künstler das Bild gegossen, so überzieht es der Schmelzer mit Gold und schweißt silberne Ketten daran. Wer arm ist, so daß er nicht viel opfern kann, der wählt ein Holz, das nicht fault; er sucht sich einen geschickten Künstler, um ein Bild herzustellen, das nicht wanke« (Jes 40,18-20).

Wie kann man nur den lebendigen Gott mit den Machwerken von Menschen vergleichen! Er ist nicht nur der Schöpfer, er ist auch der Herr, unser Gott, der Allmächtige, der regiert. Er ist es, der die ganze Schöpfung in jedem Augenblick erhält und alles Geschehen darin lenkt:

»Wißt ihr es nicht? Hört ihr es nicht? Ist es euch nicht von Anbeginn verkündet worden? Habt ihr nicht Einsicht erlangt in die Grundlage der Erde? Er ist es, der da thront über dem Kreise der Erde, und ihre Bewohner sind wie Heuschrecken; der die Himmel ausgespannt hat wie einen Flor und sie ausgebreitet wie ein Zelt zum Wohnen; der die Fürsten zu nichts macht und die Richter der Erde in Nichtigkeit verwandelt. Kaum sind sie gepflanzt, kaum sind sie gesät, kaum hat ihr Stock Wurzeln in die Erde getrieben: da bläst er sie schon an und sie verdorren, und ein Sturmwind rafft sie wie Stoppeln hinweg. Wem denn wollt ihr mich vergleichen, dem ich gleich wäre? spricht der Heilige. Hebet zur Höhe eure Augen empor und sehet: Wer hat diese da geschaffen? Er, der ihr Heer herausführt nach der Zahl, ruft sie alle mit Namen; wegen der Größer seiner Macht und der Stärke seiner Kraft bleibt keines aus« (Jes 40,21-26).

Unser Gott allein ist es, der die Zukunft heraufführt, und deshalb ist Er auch allein in der Lage, das Zukünftige zu verkünden. Auch daran gemessen erweisen sich die Götter der

Völker als Nichtse. »Bringet eure Rechtssache vor, spricht der König Jakobs. Sie mögen herbeibringen und verkünden, was sich ereignen wird: das Zunächstkommende, was es sein wird, verkündet, damit wir es zu Herzen nehmen und dessen Ausgang wissen; oder laßt uns das Künftige hören, verkündet das späterhin Kommende, damit wir uns gegenseitig anblicken, und miteinander es sehen. Siehe, ihr seid nichts, und euer Tun ist Nichtigkeit; ein Greuel ist, wer euch erwählt« (Jes 41,21-24).

Wer Gottes Wort, das Wort des Schöpfers des Himmels und der Erde, des Herrn, unseres Gottes, des Allmächtigen, der regiert, des Vaters unseres Herrn Jesus Christus, für grundsätzlich vergleichbar hält mit anderen »heiligen Schriften«, der macht sich des Götzendienstes schuldig. Er zieht Gott auf die Ebene der Götzen herab.

Somit erwies sich *der religionsgeschichtliche Vergleich,* der grundlegend ist für die historisch-kritische Theologie, als *Greuel von Götzendienst.* Er duldet andere Götter neben Gott und erweist ihnen die gleiche Ehre.

e) Als inspiriertes Gotteswort ist die Heilige Schrift von Irrtümern frei, nicht nur im Bereich von Glauben und Leben, sondern in allen übrigen Bereichen auch. *Im Zweifelsfalle gilt Gottes Wort* und nicht unsere vermeintliche Einsicht.

Gott sagt von sich selber: »Ich wache über meinem Worte, es auszuführen« (Jer 1,12). Sollte Er nicht über Seinem Wort gewacht haben, als es niedergeschrieben und gesammelt wurde?

Gott sagt von sich selbst in Seinem Wort: »Gleich Wasserbächen ist eines Königs Herz in der Hand des Herrn, wohin immer er will, neigt er es« (Spr 21,1). Sollte Er die Herzen derer, denen Er Sein Wort eingehaucht hat, nicht davor bewahrt haben, aus begrenzter menschlicher Kenntnis und Einsicht der Heiligen Schrift Irriges oder Unzutreffendes beizumischen? Wer wagt es, Ihm darin Ohnmacht oder Versäumnis zu unterstellen?

2. Timotheus 3,16 f. besagt klar und deutlich, daß die Heilige Schrift *nichts* Irriges oder Unzutreffendes enthält. Denn andernfalls wäre nicht *»die gesamte Schrift«* »nütze zur Lehre,

zur Überführung, zur Zurechtweisung, zur Unterweisung in der Gerechtigkeit«. Irriges oder Unzutreffendes kann solchen Dienst nicht tun.

Wie können wir es wagen, im Bereich der Naturwissenschaften oder Geschichte oder auf anderen Fachgebieten Gottes Wort Irrtümer nachzurechnen; wir, deren wissenschaftliche Erkenntnisse von gestern und vorgestern heute schon Makulatur geworden sind? Wehe uns, wenn wir solche Vermessenheit besitzen! *Müssen wir uns nicht in Grund und Boden schämen, wenn wir zu sagen wagen: »Hier irrt Gottes Wort«?* Wie wollen wir damit dereinst vor den Flammenaugen Jesu bestehen, wenn unsere gelehrten Bücher, die solches verbreitet haben, wie Spreu verbrennen? Laßt uns umkehren und Zuflucht nehmen bei unserem Heiland Jesus Christus!

Gottes Wort hat die heutige Theologie längst durchschaut:

Der Gemeine, wörtlich: der Tor (dessen Torheit aber nicht Mangel an Intelligenz ist, sondern Gottlosigkeit) wird edel genannt und der Arglistige, der Betrüger wird vornehm geheißen (vgl. Jes 32,5). Sind wir nicht gottlose Toren, wenn wir mit Gottes Wort so umgehen, als ob es Gott nicht gäbe? Und genau das tut die historisch-kritische Theologie! Sind wir nicht arglistige Betrüger, wenn wir durch einen solchen Umgang mit der Heiligen Schrift Gottes Wort verfälschen, so daß es der Gemeinde nicht mehr rein und lauter dargereicht wird? Aber jene, die solches tun, werden edel genannt, gelten als ehrbare Wissenschaftler, finden Anerkennung in der Kirche und in der Welt. Sie werden vornehm geheißen – sie erwerben Titel, werden Doktor und Professor, und werden oft sogar zu Bischöfen ernannt.

Gottes Wort aber sagt von solchen: »Denn ein gemeiner Mensch redet Gemeinheit; und sein Herz geht mit Frevel um, um Ruchlosigkeit zu verüben und Irrtum zu reden wider den Herrn, um leer zu lassen die Seele des Hungrigen und dem Durstigen den Trank zu entziehen. Und der Arglistige, seine Werkzeuge sind böse: er entwirft böse Anschläge, um die Sanftmütigen durch Lügenreden zugrunde zu richten, selbst wenn der Arme sein Recht dartut« (Jes 32,6-8).

Genauso geschieht es heute: Gottes Wort, verfälscht durch historische Kritik, läßt die Seele des Hungrigen leer. Der

Trank des lebensspendenden Wassers, des lebendigen Gotteswortes, wird dem Durstigen dadurch entzogen. Wenn aber einer der Sanftmütigen, der durch Gottes Wort belehrt ist, aus Gottes Wort sein Recht dartut, dann wird er – im Namen der Wissenschaft – in Grund und Boden debattiert. Denn er steht als Armer da: er hat nicht studiert, er besitzt keinen Titel und kann kein Examen vor einer menschlichen Instanz nachweisen.

Aber so muß es nicht bleiben, denn unser Heiland Jesus ist erschienen: »Siehe, ein König wird regieren in Gerechtigkeit, und die Fürsten, sie werden nach Recht herrschen. Und ein Mann wird sein wie ein Bergungsort vor dem Winde und ein Schutz vor dem Regensturm, wie Wasserbäche in dürrer Gegend, wie der Schatten eines gewaltigen Felsens in lechzendem Lande. Und die Augen der Sehenden werden nicht mehr verklebt sein, und die Ohren der Hörenden werden aufmerken; und das Herz der Unbesonnenen wird Erkenntnis erlangen, und die Zunge der Stammelnden wird fertig und deutlich reden. Der gemeine Mensch wird nicht mehr edel genannt und der Arglistige nicht mehr vornehm geheißen werden« (Jes 32,1-5).

Laßt uns durch Gottes Gnade Erkenntnis erlangen und Edle werden, die Edles entwerfen und auf Edlem bestehen (Jes 32,8), damit die Seelen der Hungrigen nicht leer bleiben und den Durstigen nicht der Trank entzogen wird und die Sanftmütigen nicht länger durch Lügenreden zugrunde gerichtet werden.

2. Das Wort Gottes ist ungeteilt

a) Es ist ganz und gar Gottes Wort. Es nach unserer Wertschätzung einzustufen, ist Anmaßung.

In der historisch-kritischen Theologie ist es jedoch üblich, den einzelnen Teilen des Wortes Gottes nicht die gleiche Wertschätzung zuzuerkennen, sondern statt dessen einige Bestandteile der Heiligen Schrift zum Maßstab zu machen, um das übrige daran zu messen und abzuwerten. Man sucht solchermaßen nach dem »Kanon im Kanon« und betreibt, wie man sagt, Sachkritik.

Zwei Beispiele sollen hier genannt werden:

1) Die sogenannte »präsentische Eschatologie« im Johannesevangelium wird ausgespielt gegen die futurische Eschatologie in den drei übrigen, sogenannten synoptischen Evangelien. Dabei sieht man sich allerdings genötigt, diejenigen Aussagen im Johannesevangelium, welche sich der unterstellten präsentischen Eschatologie nicht einfügen, einer »kirchlichen Redaktion« zuzuschreiben.

2) Die christologischen Aussagen im Römerbrief werden ausgespielt gegen die sogenannte »kosmische Christologie« des Epheser- und Kolosserbriefes. Das dient u. a. dazu, jene Briefe als unpaulinisch hinzustellen und damit faktisch als geringerwertig einzuschätzen. Paulus rangiert vor den »Deuteropaulinen«.

Wo der Feind uns nicht vom ganzen Wort abbringen kann, versucht er, uns zur Anmaßung eigener Wertung zu verführen. Das ist ihm selbst bei Martin Luther gelungen, der nun mit seiner Abwertung des Jakobusbriefes als »stroherner Epistel« zum Kronzeugen für die historisch-kritische Theologie gemacht worden ist. Laßt uns wachsam sein, denn unser »Widersacher, der Teufel, geht umher wie ein brüllender Löwe und sucht, wen er verschlingen könne« (1 Petr 5,8).

Wer in Form von Sachkritik aus Gottes Wort auswählt, was er für maßgeblich hält, ist einem Götzenbildner zu vergleichen, der sich selbst den Gott schafft, den er anbetet. Welche Torheit: Ein vergänglicher Mensch, der Speise und Trank benötigt für seine Erhaltung, wagt es, einen Gott zu schaffen. Er schafft ihn nach seinem eigenen Bilde, entsprechend seiner Begrenztheit. Er ist genötigt, das Material dazu aus der Schöpfung des Gottes zu nehmen, der Himmel und Erde und auch ihn selber geschaffen hat. Das gleiche Material, das zur Befriedigung seiner übrigen Bedürfnisse gebraucht wird, dient ihm zur Erschaffung des Gottes, den er anbetet:

»Die Bildner geschnitzter Bilder sind allesamt nichtig, und ihre Lieblinge nützen nichts; und die für sie zeugen, sehen nicht und haben keine Erkenntnis, damit sie beschämt werden. Wer hat einen Gott gebildet und ein Bild gegossen, daß es nichts nütze? Siehe, alle seine Genossen werden beschämt werden; und die Künstler sind ja nur Menschen. Mögen sie sich alle versammeln, hintreten: erschrecken sollen sie, beschämt werden allzumal! Der Eisenschmied hat ein Werkzeug und er arbeitet bei Kohlenglut, und er gestaltet es mit Hämmern und verarbeitet es mit seinem kräftigen Arm. Er wird auch hungrig und kraftlos; er hat kein Wasser getrunken und ermattet. Der Holzschnitzer spannt die Schnur, zeichnet es ab mit dem Stifte, führt es aus mit den Hobeln und zeichnet es ab mit dem Zirkel; und er macht es wie das Bildnis eines Mannes, wie die Schönheit eines Menschen, damit es in einem Hause wohne. Man haut sich Zedern ab, oder nimmt eine Steineiche oder eine Eiche, und wählt sich aus unter den Bäumen des Waldes; man pflanzt eine Fichte, und der Regen macht sie wachsen. Und es dient dem Menschen zur Feuerung, und er nimmt davon und wärmt sich; auch heizt er und bäckt Brot; auch verarbeitet er es zu einem Gott und wirft sich davor nieder, macht ein Götzenbild daraus und betet es an. Die Hälfte davon hat er im Feuer verbrannt; bei der Hälfte davon ißt er Fleisch, brät seinen Braten und sättigt sich; auch wärmt er sich und spricht: Ha! mir wird's warm, ich spüre Feuer. Und das übrige davon macht er zu einem Gott, zu seinem Götzenbilde; er betet es an und wirft sich nieder, und er betet zu ihm und spricht: errette mich, denn du bist mein Gott« (Jes 44,9-17).

Bin ich nur ein Götzendiener, wenn ich meinen Gott aus Erz oder Stein oder Holz mir bilde? Bin ich nicht genauso ein Götzendiener, wenn ich Gottes Wort benutze wie eine Erzgrube, wie einen Steinbruch oder einen Wald zum Holzfällen? Wenn ich daraus entnehme, was mir gut scheint, und mir daraus mit Hilfe meines Verstandes einen Gott zusammensetze nach dem Bilde meiner begrenzten Einsicht?

Der gleiche Verstand, mit dem ein solcher Mensch sein Auto kauft und sein Häuschen finanziert, sich für Öl- oder Kohleheizung entscheidet und sein Geld verdient, muß dafür herhalten, einen Gott herzustellen. Aber Gott sagt: »Ich bin der Herr, das ist mein Name; und meine Ehre gebe ich keinem anderen, noch meinen Ruhm den geschnitzten Bildern« (Jes 42,8). »Die auf das geschnitzte Bild vertrauen, die zu dem gegossenen Bilde sagen: Du bist unser Gott! werden zurückweichen, werden gänzlich beschämt werden« (Jes 42,17). *Kann man wohl im Ernstfall solch einem selbstgemachten Gott ver-*

trauen? Wahrlich nicht! Möge deshalb ein jeder, der so mit Gottes Wort umgeht, sich ernsthaft prüfen, ob er sich wirklich auf Gott verläßt, oder ob er nicht vielmehr in den Dingen dieser Welt seine Sicherheit sucht.

Mögen wir doch darüber erschrecken, daß ein solcher Götzendienst unter Gottes Volk heute so weit verbreitet ist. Laßt uns Gottes Klage hören: »... mein Volk hat seine Herrlichkeit vertauscht gegen das, was nicht nützt. Entsetzt euch darüber, ihr Himmel, und schaudert, starret sehr! spricht der Herr. Denn zwiefach Böses hat mein Volk begangen: Mich, den Born lebendigen Wassers, haben sie verlassen, um sich Zisternen auszuhauen, geborstene Zisternen, die kein Wasser halten« (Jer 2,11-13).

Laßt uns umkehren, wo wir auf verkehrtem Wege sind. Laßt uns Gott bitten, es uns zu zeigen. Oft sind es kleine Anfänge, durch die eine Weiche in die verkehrte Richtung gestellt wird. Die Abweichung kann zuerst ganz gering sein, aber allmählich kommt es heraus, daß wir auf falschem Geleise sind: Hier ein paar Abstriche an Gottes Wort, da ein Achselzucken, dort ein Vorbehalt; die Annahme von ein paar kritischen Gedanken, die sich als Lösung anbieten, wo wir Probleme haben oder man sie uns eingeredet hat, – und schon ist die Bibel für uns nicht mehr ganz das Heilige Wort des lebendigen Gottes.

Laßt uns zum Kreuz gehen, wenn wir gefehlt haben. Auch dafür hat unser Herr Jesus sein Blut vergossen.

b) *Als inspiriertes Wort Gottes, das zwar viele menschliche Verfasser, aber nur einen göttlichen Urheber hat, ist Gottes Wort eine wunderbare Einheit.* Sobald ich das Selbstzeugnis des Wortes Gottes von der Inspiration der Schrift im Glauben angenommen habe, fange ich an, die wunderbare Einheit des Wortes Gottes zu erfahren: Wie herrlich ist das Gefüge der Verheißungen auf unseren Herrn und Heiland Jesus Christus und ihrer Erfüllung. Wie kostbar ist die Übereinstimmung zwischen Ezechiel 16 und Lukas 15, zwischen Johannes 10 und Ezechiel 34,11 ff. Wie wunderbar ist alles, was in der Offenbarung gesammelt steht, im einzelnen schon von den Propheten vorhergesagt. Wem noch die Decke vor den Augen hängt, vermag es zwar nicht zu sehen, wer aber Gottes Wort nicht länger ungehorsam ist, dem öffnet es der Heilige Geist.

Wo man Gottes Wort nicht als Einheit sehen will, die einen Urheber hat und in der eines das andere ergänzt, sondern als ein Sammelwerk verschiedener Autoren, deren Profile man herauszuarbeiten sucht, da nimmt man die Einheit des Wortes Gottes auch nicht wahr. Da wird versucht, das Neue Testament gegen das Alte auszuspielen, Paulus gegen Jakobus, 1. Mose 1 gegen 1. Mose 2, 1. Korinther 15 gegen Johannes 5. Da soll denn gar in 1. Mose 2 ein anderer Gottesbegriff vorliegen als in 1. Könige 18 und Jesus einen anderen Gott gebracht haben, als es der Gott des Alten Testamentes war.

Der Grund für solche Fehlurteile ist, wie gesagt, daß man sich zuvor ein Bild von Gott gemacht hat, das als Menschenwerk viel zu klein ist, um die ganze Fülle der Selbstoffenbarung Gottes in Seinem Wort in sich aufzunehmen. Außerdem fehlt es aufgrund der in der theologischen Wissenschaft eingebürgerten Spezialisierung sehr oft an gründlicher Kenntnis des gesamten Wortes Gottes. Wer das Alte Testament wirklich kennt und nicht nur einen zurechtgemachten Begriff davon hat, kann es doch unmöglich gegen das Neue ausspielen und umgekehrt.

3. Das Wort Gottes ist identisch

Eine der großen Lügen des Feindes, mit denen er die Menschen von Gottes Wort wegtreibt, ist die Behauptung der »epochalen Bedingtheit« des Menschen. Es wird gesagt, der Mensch habe ein »Zeitgeschick«. Jede Generation sei im Glauben anders dran als die ihrer Väter und Vorväter, da sich ja die äußeren Verhältnisse verändert haben und man in der Technik Fortschritte gemacht hat. Dabei gilt es als unwesentlich, ob es der Fortschritt vom Reismesser zur Sichel oder von der Mähmaschine zum Mähdrescher ist. Es wird behauptet, jede Generation brauche ihren eigenen Zugang zum Worte Gottes, ihre eigene Auslegung und ihre eigene Christologie. Es wird behauptet, daß das Wort Gottes auslegungsbedürftig, auf Auslegung angewiesen sei. Das Frühere gilt als veraltet, wobei auch das Wort Gottes nicht ausgenommen wird. Man sagt, damals habe es andere Produktionsmittel und andere gesellschaftliche Verhältnisse gegeben. Deshalb könnten wir es nicht so wörtlich nehmen, wie es dasteht, sondern nur noch in einer Auslegung, die herausstreicht, was daran für uns heute (noch) gilt.

Aber Gottes Wort sagt dem Menschen im 20. Jahrhundert das gleiche wie dem im ersten. Der Mensch steht heute vor Gott nicht anders da wie vor ein paar tausend Jahren. Die Produktionsmittel des technischen Zeitalters haben den Menschen nicht wesentlich verändert. Wie in den Tagen Lots und Noahs ist es auch heute noch: Sie essen, sie trinken, sie kaufen, sie pflanzen, sie bauen, sie heiraten und werden geheiratet (vgl. Lk 17,27 und 28). Es wird gesagt, man könne dem modernen Menschen, der den Umgang mit der Technik gewohnt ist, der Radio und Kühlschrank, elektrisches Licht und Auto hat, nicht mehr zumuten, an Totenauferweckung und Wunder, Engel und Dämonen zu glauben. Aber eben dieser moderne Mensch ist einem Aberglauben verfallen, wie man ihn seit Jahrhunderten bei uns nicht mehr gekannt hat: Er verläßt sich auf Amulette und Horoskope, sucht Weisung bei Wahrsagern und befaßt sich sogar mit Satanskult!

Gottes Wort kennt den Menschen, auch den Menschen von heute. Worin er sich wirklich vom Menschen früherer Zeitalter unterscheidet, hat Gott in Seinem Wort bereits vorausgesagt:

»Dies aber wisse, daß in den letzten Tagen schwere Zeiten eintreten werden: denn die Menschen werden selbstsüchtig sein, geldliebend, prahlerisch, hochmütig, Lästerer, den Eltern ungehorsam, undankbar, unheilig, lieblos, unversöhnlich, Verleumder, unenthaltsam, grausam, das Gute nicht liebend, Verräter, unbesonnen, aufgeblasen, mehr das Vergnügen liebend als Gott, die eine Form der Gottseligkeit haben, deren Kraft aber verleugnen; und von diesen wende dich weg. Denn aus diesen sind, die sich in die Häuser schleichen und lose Frauen verführen, die mit Sünden beladen sind, von mancherlei Begierden getrieben werden, immer lernen und niemals zur Erkenntnis der Wahrheit kommen können. Auf diese Weise aber, wie Jannes und Jambres Mose widerstanden, so widerstehen auch sie der Wahrheit, Menschen, verdorben in der Gesinnung, im Glauben unbewährt« (2 Tim 3,1-8).

Die These, daß Gottes Wort auf Auslegung angewiesen sei und jede Generation ihrer eigenen Auslegung bedürfe, steht der Wahrheit entgegen. Die Auslegungsbedürftigkeit des Wortes Gottes ist ein Kunstprodukt historisch-kritischer Theologie, die das Wort nicht nehmen will, wie es dasteht, und deshalb viel Mühe aufwenden muß. Da sie das Wort Gottes auch nicht als Einheit gelten lassen will, kann sie wenig Gebrauch davon machen, daß die Heilige Schrift ihr eigener Ausleger ist. Und da sie den Heiligen Geist nicht als Urheber der Schrift gelten läßt, kann sie ihn auch nicht als Ausleger erfahren. Überdies ist sie durch Unkenntnis behindert, da dem Theologen aufgrund der weitgehenden Spezialisierung zumeist nur Bruchteile der Bibel regelmäßig unter die Augen kommen. Er kennt in der Regel unzählige Bücher über sein Spezialgebiet, aber er kennt seine Bibel nicht.

Es soll aber nicht vergessen werden zu erwähnen, daß *bibeltreue* Lehrer, die uns im Worte Gottes unterweisen, eine Gnadengabe sind (Eph 4,11). Wir wollen ihren Dienst und die Hilfe ihrer Bücher nicht verachten.

4. Das Wort Gottes ist gewachsen

Abraham und Noah hatten noch nicht das Gesetz, und unser Herr Jesus sagt von den Propheten und Gerechten des Alten Bundes: »Wahrlich, ich sage euch, viele Propheten und Gerechte haben begehrt zu sehen, was ihr anschaut, und haben es nicht gesehen, und zuhören, was ihr hört, und haben es nicht gehört« (Mt 13,17). Das Gesetz hat »einen Schatten der zukünftigen Güter, nicht der Dinge Ebenbild selbst« (Hebr 10,1). Irdisches und himmlisches Jerusalem müssen unterschieden werden (Gal 4,25 f.), und es ist zu beachten, was für die Nachkommenschaft Abrahams nach dem Fleisch und was für die Kinder der Verheißung geschrieben steht (Röm 4,16; Gal 4,28). *Gottes Wort muß in gerader Richtung geschnitten werden* (2 Tim 2,15). Wir müssen den Heilsplan Gottes im Blick behalten.

Gottes Wort gibt uns selber Anleitung dafür, es recht zu lesen:

»Alle Schrift ist von Gott eingegeben und nütze zur Lehre, zur Überführung, zur Zurechtweisung, zur Unterweisung in der Gerechtigkeit« (2 Tim 3,16).

Gottes Wort belehrt uns, wie wir die Geschichten im Alten Testament zu verstehen haben:

»Denn ich will nicht, daß ihr in Unkenntnis darüber seid, Brüder, daß unsere Väter alle unter der Wolke waren und alle durch das Meer hindurchgegangen sind und alle in der Wolke und im Meer auf Mose getauft wurden und alle dieselbe geistliche Speise aßen und alle denselben geistlichen Trank tranken; denn sie tranken aus einem geistlichen Felsen, der sie begleitete. Der Fels aber war der Christus. An den meisten von ihnen aber hatte Gott kein Wohlgefallen, denn sie sind in der Wüste hingestreckt worden. Diese Dinge aber sind als Vorbilder für uns geschehen, damit uns nicht nach bösen Dingen gelüstet, wie es jene gelüstete. Werdet auch nicht Götzendiener wie einige von ihnen, wie geschrieben steht: ›Das Volk setzte sich nieder, zu essen und zu trinken, und sie standen auf, zu spielen.‹ Auch laßt uns nicht Unzucht treiben, wie einige von ihnen Unzucht trieben und es fielen an einem Tag dreiundzwanzigtausend. Laßt uns auch den Herrn nicht versuchen, wie einige von ihnen ihn versuchten und von den Schlangen umgebracht wurden. Murret auch nicht, wie einige von ihnen murrten und von dem Verderber umgebracht wurden. Alles dieses aber widerfuhr jenen als Vorbild und ist geschrieben worden zur Ermahnung für uns, über die das Ende der Zeitalter gekommen ist« (1 Kor 10,1-11).

Wir werden auch angewiesen, Christus in der Schrift zu suchen:

»Der Fels aber war Christus«, heißt es in 1. Korinther 10,4. »Ihr erforscht die Schriften«, sagt unser Herr Jesus in Johannes 5,39, »denn ihr meint, in ihnen ewiges Leben zu haben, und sie sind es, die von mir zeugen.«

Gottes Wort sagt deutlich genug, wozu es da ist und wie wir es recht gebrauchen:

»Denn alles, was zuvor geschrieben ist, ist zu unserer Belehrung geschrieben, damit wir durch das Ausharren und durch die Ermunterung der Schriften die Hoffnung haben« (Röm

15,4). Wenn wir diesen Anweisungen folgen, werden wir mit Gottes Wort recht umgehen, und das Erforschen der Schrift wird fruchtbar sein.

5. Das Wort Gottes ist genug

Es ist voll und ganz ausreichend: für jeden Menschen, für jede Epoche, für jede Situation. »Gottes Brünnlein hat Wassers die Fülle« (Ps 65,10). Wir können Gottes Wort nie ausschöpfen. Situationen, von denen die Schreiber des Wortes Gottes nichts wissen konnten, hat Gottes Geist sehr wohl bedacht. Dinge, von denen wir vor wenigen Jahren noch nichts gewußt haben, sind vor zwei- oder dreitausend Jahren bereits aufgeschrieben worden. Als Beispiel dafür sei Daniel 12,8 f. genannt: »Und ich hörte es, aber ich verstand es nicht; und ich sprach: Mein Herr, was wird der Ausgang von diesem sein? Und er sprach: Gehe hin, Daniel; denn die Worte sollen verschlossen und versiegelt sein bis zur Zeit des Endes.«

Das Wort Gottes bedarf keiner Ergänzung, weder durch Psychologie oder Tiefenpsychologie noch durch moderne Pädagogik.

Es kennt den Menschen besser, als Psychologie und Tiefenpsychologie ihn zu erkennen vermögen. Soweit beide Elemente von Wahrheit enthalten, sind diese längst zuvor in Gottes Wort zu finden. Überwiegend haben jedoch Psychologie und Tiefenpsychologie antichristlichen Charakter und stehen im Gegensatz zu Gottes Wort.

Wo man gemeint hat, dem Worte Gottes aufgrund von besserer Einsicht und größerer Barmherzigkeit widersprechen zu müssen – zum Beispiel in der Frage des vorehelichen Geschlechtsverkehrs, von Ehe und Ehescheidung – ist am Ende nichts als Elend herausgekommen.

Das gleiche gilt für die moderne Pädagogik. Man hat gemeint, den Kindern wohl zu tun, indem man sich von den Prinzipien der Kindererziehung abwandte, die Gottes Wort uns lehrt. An den Produkten solcher Erziehung läßt sich mittlerweile bereits ablesen, daß Gott es besser weiß, was dem Menschen frommt.

Gottes Wort sagt z. B.: »Narrheit ist gekettet an das Herz des Knaben; die Rute der Zucht wird sie davon entfernen« (Spr 22, 15).

»Entziehe dem Knaben nicht die Züchtigung. Wenn du ihn mit der Rute schlägst, wird er nicht sterben. Du schlägst ihn mit der Rute, und du errettest seine Seele von dem Scheol« (Spr 23,13 f.).

»Wer seine Rute spart, haßt seinen Sohn, aber wer ihn liebhat, sucht ihn früh heim mit Züchtigung« (Spr 13,24).

Die moderne Pädagogik wollte es besser wissen. Sie sagt: Kinder dürfen nicht geschlagen werden, schon gar nicht mit der Rute. Man geht jetzt sogar so weit, daß man behauptet, es sei besser, Kinder überhaupt nicht zu erziehen, sondern sich selbst entfalten zu lassen. Aber wie viele junge Narren laufen bereits heute bei uns herum: unfähig, Verantwortung zu übernehmen und ein normales menschliches Leben zu führen. Sie sind im Herzen daran gebunden, jeder Empfindung von Lust oder Unlust Raum zu geben. Viele verfallen den Drogen und dem Alkohol, sterben an einer Überdosis oder landen schließlich in der Heilanstalt.

Gottes Wort bedarf auch nicht der Ergänzung durch Soziologie. Gott weiß mehr vom Menschen und seinen Beziehungen untereinander, als unsere Vernunftschlüsse ergründen können.

Gottes Wort bedarf ebensowenig der Korrektur durch die Naturwissenschaften. Es hat sich herausgestellt, daß inzwischen naturwissenschaftlice Bibelkritik von den Naturwissenschaften selber überholt worden ist.

Laßt uns doch endlich wie der junge Daniel auf die Tafelkost dieser Welt als Zubrot zu Gottes Wort verzichten. Es wird sich dann schon herausstellen, daß »unsere Agesichter keineswegs verfallener sein werden« (Dan 1,10) als die Angesichter derjenigen, die sich von der königlichen Weisheitskost der Welt ernähren. Wir werden vielmehr in Sachen einsichtsvoller Weisheit solchen Schriftgelehrten überlegen sein (vgl. Dan 1,20).

»Alle Rede Gottes ist geläutert. Ein Schild ist er denen, die auf ihn trauen Tue nichts zu seinem Wort hinzu, damit er dich nicht überführe und du als Lügner erfunden werdest« (Spr 30,5).

Gottes Wort bedarf auch nicht der Hinzufügung unserer Erfahrungen. Wenn sie nicht *im* Worte Gottes erfunden werden, dann haben sie *beim* Worte Gottes nichts zu suchen. Selbst ein Gebrauch der Gaben des Heiligen Geistes, der dem Worte Gottes etwas hinzufügt, indem er Weissagungen neben dem Wort als Offenbarung tradiert, ist verwerflich.

6. Das Wort Gottes ist wirksam

»Denn er spricht, und es geschieht, er gebietet, und es steht da« (Ps 33,9).

Diese Wirksamkeit erweist sich aber nur dort, wo es im Glauben einfältig genommen wird, wie es dasteht. Deshalb geschehen so viele Wunder Gottes in Gegenden, zu denen das theologische, psychologische, soziologische und historisch-kritische »Sollte Gott gesagt haben?« noch nicht durchgedrungen ist. Deshalb erfahren auch hier die Menschen Gottes Wunder, die Seinem Wort einfältig Glauben schenken.

Zwei Fehlwege sind zu vermeiden. Beide werden in Jakobus 4,2 f. genannt: »Ihr habt nichts, weil ihr nicht bittet; ihr bittet und empfangt nichts, weil ihr übel bittet, um es in euren Lüsten zu verzehren.«

Voraussetzung für das Bitten ist das Belehrt- und Vertrautsein mit Gottes Wort. Ich muß wissen, was Gott geben will, damit ich bitten kann. Jede Schmälerung des Wortes Gottes durch theologische Theorien (Gott will heute solches nicht mehr tun, das galt nur für die Zeit der Apostel) oder durch kritisches Messen an der alltäglichen Erfahrung hat weitreichende praktische Folgen: »Ihr habt nicht, weil ihr nicht bittet.« Selbst ein Raumgeben dem Zweifel, ob denn Gott wirklich solches geben wolle, ist verhängnisvoll. Gottes Wort sagt: »Er bitte aber im Glauben und zweifle nicht; denn der Zweifler gleicht einer Meereswoge, die vom Wind bewegt und hin und her getrieben wird. Denn jener Mensch denke nicht, daß er etwas von dem Herrn empfangen werde, ist er doch ein wankelmütiger Mann, unbeständig in allen seinen Wegen« (Jak 1,6-8). Durch Erwartungslosigkeit hindern wir Gott daran, uns zu geben, was Er uns schenken möchte und was er uns deshalb schon in Seinem Wort verheißen hat. Wir hindern Sein Wort daran, daß es geschieht!

Der andere Fehlweg besteht im »übel bitten« – einer Anspruchshaltung, die Gottes Verheißungen wie einklagbare Schuldforderungen nimmt. Wenn wir wie trotzige, verzogene Kinder vor Gott stehen, die alles gleich haben wollen, wonach es ihnen gelüstet, und nicht zuerst nach Seinem Reich trachten, sondern nach der Erfüllung selbstsüchtiger Wünsche, dann nötigen wir Gott, uns zu verweigern, was Er uns doch in Seinem Wort verheißen hat. Wir hindern sein Wort daran, daß es geschieht!

7. Gottes Wort ist der Spiegel Gottes

Wir können in ihm Gottes Herz und die Prinzipien Seines Handelns erkennen. Zwei Beispiele dafür:

Wie groß Gottes Erbarmen und Seine Retterliebe ist, können wir zum Beispiel erkennen an Gottes Handeln gegenüber Ahab, 1. Könige 21,27-29. Von Ahab wurde zuvor gesagt: »Es ist gar keiner gewesen wie Ahab, der sich verkauft hätte, um zu tun, was böse ist in den Augen des Herrn, welchen Isebel, sein Weib, anreizte« (1 Kö 21,25). Als Ahab den durch Mord erworbenen Weinberg Naboths besichtigt, geht der Prophet Elia zu ihm, um ihm Gottes Strafgericht an seiner Person und an seinem Hause anzusagen. »Und es geschah, als Ahab diese Worte hörte, da zerriß er seine Kleider und legte Sacktuch um seinen Leib und fastete; und er lag im Sacktuch und ging still einher. Da geschah das Wort des Herrn zu Elia, dem Tisbiter, also: Hast du gesehen, daß Ahab sich vor mir gedemütigt hat? Weil er sich vor mir gedemütigt hat, will ich das Unglück in seinen Tagen nicht bringen; in den Tagen seines Sohnes will ich das Unglück über sein Haus bringen« (1 Kö 21,27-29).

Wahrlich, wenn Gott uns auffordert, »langsam zum Zorn« zu sein (Jak 1,19), dann ist Er es zuerst allemal selber. Das überwältigendste Bild des Charakters Gottes sehen wir im Spiegel von 1. Korinther 13,4-7:

»Die Liebe ist langmütig; die Liebe ist gütig; sie neidet nicht; die Liebe tut nicht groß, sie bläht sich nicht auf, sie benimmt sich nicht unanständig, sie sucht nicht das Ihrige, sie läßt sich nicht erbittern, sie rechnet Böses nicht zu, sie freut sich nicht über die Ungerechtigkeit, sondern sie freut sich mit der Wahrheit, sie erträgt alles, sie glaubt alles, sie hofft alles, sie erduldet alles.«

Laßt uns forschen in der Schrift, und laßt es uns so tun, daß wir darin den Weg zum Herzen Gottes finden. Wahre Schrifterkenntnis führt zur Anbetung Gottes im Geist und in der Wahrheit.

Anmerkungen

1 Joachim Cochlovius, Leben aus dem Wort. Wege zu einem geistlichen Schriftverständnis. In: Arbeitsbuch Hermeneutik, hrsg. von Joachim Cochlovius und Peter Zimmerling, Krelingen 1983, S. 403-430, S. 411 und 412. Es sei ausdrücklich angemerkt, daß ich mich hier nur gegen die in den zitierten Formulierungen zutage tretende Position wende. Ich kritisiere damit keineswegs den genannten Aufsatz insgesamt. Noch viel weniger richtet sich die Kritik gegen seine Person.
2 Cochlovius, a.a.O., S. 411
3 ebd., S. 411
4 ebd., S. 412
5 ebd., S. 412
6 ebd., S. 412
7 ebd., S. 412
8 ebd., S. 412
9 ebd., S. 412

SCHRIFTEN-VERZEICHNIS

Evangelistische Traktate

101 Was wissen Sie von Gott?
103 Die Bibel ist …
107 Wer ist Gott?
306 Der Fragebogen

Die Traktatreihe läuft aus. Wenn Interesse vorhanden ist, bitte bald bestellen.

Bibellehre

701 Die Folgen unserer Sünden
706 Gemeinsames Beten
709 Beten zum Heiligen Geist?
711 Wer ist Jesus?
712 Was bald geschehen wird

Lehre, Hilfen zum Bibelstudium

801 Das große Geheimnis
Eine Einführung zur neutestamentlichen Gemeinde
803 Wenn wir im Lichte wandeln …
Eine Abhandlung über strittige Glaubensfragen
804 Es ist nicht gut
Ein Wort an (noch) nicht verheiratete Frauen

805 Dein Name
Namen Gottes in der Bibel
806 Die biblische Taufe
Ein kurzes Bibelstudium
807 Das Mahl des HERRN
809 Dorothy Bilton, Probleme?
Die Autorin bezeugt wahre göttliche Freiheit im Zusammenhang mit ihrem noch nicht gläubigen Ehemann
810 106 biblische Symbole
811 „Ich bin eine Mauer"
Heraus aus geistlichen Minderwertigkeitskomplexen
812 Leben aus der Fülle Gottes
815 Die Kleinen der Erde
Sprüche 30, 24 - 27
818 Geröstete Körner
Gesammelte Bibelarbeiten
820 „Ich bin Jakob"
Sind wir schon „am Ende", so daß Gott mit uns anfangen kann?
823 Gnade ist unverdiente Liebe
824 „Ich will mich aufmachen"
Gegenwärtige Strömungen im Licht einer alten Geschichte
827 Bücher, durch die ich gesegnet wurde
515 F. W. Krummacher, Die Anfechtungen der Kinder Gottes
517 Alfred Roth,
Unsere Ohnmacht und seine Kraft
1002 Klaus J. Hoffmann,
Heißes Eisen – Taufe

Ich bin getröstet – Schriften zur Ermutigung

901 Gnade um Gnade
902 Sei ermutigt
903 Nicht einer von ihnen
904 Sagt Gott Dank!

905 Zum Nachdenken
906 Frei
907 Nicht mehr lange
908 Erlöst
909 Weißt Du, warum?
910 Geh' weiter!
911 Ich weiß wohl,
912 Ich bin getröstet
913 ER hat zu Dir gesagt …
914 Ein guter Tag für Dich
915 ER erquickt meine Seele
916 Jesus ist doch größer
917 Der Name Jesus
918 Weil ER mich liebt
919 Herr, unser Herr …
920 Ich hebe meine Augen auf
921 Aus Predigten von Dr. Martin Luther
922 Komm gut heim!
923 Völlig überzeugt in allem Willen Gottes

Bücher

1101 … damit ihr nicht sündigt
1102 … sondern birg uns vor dem Bösen
1103 … denn ihr seid gestorben
1104 Folgt ihm in das Haus
1105 Roy Ilession,
Gute Nachricht für schlechte Leute
1106 Hütet die Herde Gottes
1107 Dr. Etta Linnemann, Gottes Wort und die
Historisch-Kritische Theologie

Auf Wunsch senden wir Ihnen gerne unser Traktatsortiment und den Cassettenkatalog zu.

Alle Schriften werden kostenlos abgegeben

MISSONSWERK
CHRISTUS FÜR DICH
MEIERSTRASSE 3 · 26789 LEER